Controla la lengua de tus hijos en 30 días

Libros de Deborah Smith Pegues publicados por Portavoz:

Confrontar sin ofender
Controla tu actitud en 30 días
Controla tu enojo en 30 días
Controla tu estrés en 30 días
Controla tu inseguridad en 30 días
Controla tu lengua en 30 días
Controla la lengua de tus hijos en 30 días
Controla tus emociones en 30 días
Controla tus finanzas en 30 días
Controla tus temores en 30 días
Oraciones de emergencia

Controla la lengua de tus hijos en 30 días

Deborah Smith Pegues

EDITORIAL PORTAVOZ

La misión de *Editorial Portavoz* consiste en proporcionar productos de calidad —con integridad y excelencia—, desde una perspectiva bíblica y confiable, que animen a las personas a conocer y servir a Jesucristo.

Título del original: *30 Days to Taming Your Kid's Tongue,* © 2014 por Deborah Smith Pegues y publicado por Harvest House Publishers, Eugene, Oregon 97402. Traducido con permiso.

Edición en castellano: *Controla la lengua de tus hijos en 30 días,* © 2016 por Editorial Portavoz, filial de Kregel, Inc., Grand Rapids, Michigan 49505.

Traducción: Rosa Pugliese

Se han cambiado los nombres para proteger la identidad de las personas que aparecen en las historias de este libro.

EDITORIAL PORTAVOZ
2450 Oak Industrial Drive NE
Grand Rapids, MI 49505 USA
Visítenos en: www.portavoz.com

ISBN 978-0-8254-5663-3 (rústica)
ISBN 978-0-8254-6498-0 (Kindle)
ISBN 978-0-8254-8646-3 (epub)

1 2 3 4 5 edición / año 25 24 23 22 21 20 19 18 17 16

Impreso en los Estados Unidos de América
Printed in the United States of America

Dedico este libro a los padres que desean transformar a sus hijos en comunicadores educados, amables, positivos, cordiales e influyentes.

Reconocimientos

Nadie cumple ningún objetivo importante sin la ayuda de otras personas... personas buenas, amables y calificadas, comprometidas a terminar el trabajo. Esa fue mi experiencia en este proyecto. Un especial agradecimiento a Darla Noble, mi experta residente en educación infantil y principal investigadora. Tu participación ha sido de un valor incalculable. Así como la de Yvetta Franklin, Patricia Ashley, Darlene Moss, Pamela Kelley, Delisa Kelley, Roberta Morris, Carolyn Ratliff, Elizabeth Mirr Wysocki, la Dra. Saundra Dalton Smith, Frank Robinson, y Greg y Teresa McCurry.

Mi equipo de oración jugó un papel importantísimo en mi productividad y concentración. Agradezco a los pastores Edward y Vanessa Smith, Renee Hernandez, Billie Rodgers, Yvonne Johnson, Cheryl Martin, Diane Gardner, Marva Sykes, Sylvia Gardner y Josie Martin. Jeanette Stone y las mujeres de mi grupo de vida de Zoe Christian Fellowship de Whittier se pusieron en la brecha para interceder por este proyecto hasta el final. Gracias por su fidelidad y amor.

Mis amigos de las redes sociales me brindaron un apoyo extraordinario... historias, experiencias personales, comentarios y oraciones. Gracias a todos los padres y todas las madres por su aporte.

Como siempre, agradezco a mi gran equipo de

Harvest House Publishers: al presidente, Bob Hawkins Jr.; al editor de adquisiciones, Terry Glaspey; al editor principal, Rod Morris y al resto del equipo. Gracias por sus ideas inagotables y el trabajo increíble que hacen para poner los libros en el mercado. Su firme compromiso con las Escrituras como una guía para la vida diaria es inspirador. Gracias por el alto estándar de excelencia que tienen en cada aspecto de la publicación de un libro.

Finalmente, no hay palabras adecuadas para expresar mi gratitud por mi esposo Darnell: el hombre ideal para mí y mi propósito divino. ¡Qué gran dicha estar casada por más de treinta y cinco años con un hombre tan flexible, divertido, apuesto, equilibrado, autosuficiente y comprensivo! Estaré eternamente agradecida con Dios por haberme dado un esposo como él.

Contenido

Prólogo

Normas de la "vieja escuela", estrategias de la "nueva escuela"

No soy madre ni psicóloga. Me defino como una "observadora profesional de las personas"; una mujer con la misión de ayudar a otros a comunicarse mejor. Así que relájate. Este libro no es un compendio de "deberías" para hacerte sentir culpable por cómo estás haciendo la tarea más difícil del planeta: criar a tus hijos. Y tampoco voy a someterte a un montón de teorías psicológicas (a decir verdad, no conozco ninguna) que afirman que los niños necesitan la libertad de hacer todo lo que su pequeño corazón desee. No obstante, me asombra ver cómo los padres modernos se sumaron a la tendencia popular de la década de 1960 y empezaron a darles más credibilidad a los "expertos" en desarrollo infantil que a personajes como Susana Wesley, quien crió a diecinueve hijos. Juan y Carlos, dos de sus hijos, fueron los fundadores de la iglesia metodista. Los padres que querían formar hijos piadosos adoptaron las clásicas "reglas" de Susana[1], muchas de las cuales se aplicaron en mi hogar e influyeron en mi crianza.

---

1. "16 House Rules by Susannah Wesley (John Wesley's Mom)", Raising Godly Children, 28 de marzo, 2011, www.raisinggodlychildren.org /201 1/03/16-house-rules-by-susannah-wesley-john.html.

A temprana edad me encargaron el cuidado constante y la alimentación de mis hermanos. Tengo solo un hermano mayor que yo y somos siete hijos, de los cuales soy la única mujer. Cuando tenía siete años, mi madre me enseñó a cocinar para toda la familia, a limpiar la casa y a usar un antiguo aparato para lavar la ropa sin que mis brazos quedaran atrapados entre los rodillos.

Controlar a una tropa de niños bulliciosos no era tarea fácil; los conflictos eran cosa de todos los días. Pero aprendí mucho sobre comunicación eficaz (en realidad, debería decir comunicación ineficaz), un tema que me ha fascinado durante más de un tercio de siglo. He tenido la experiencia de dirigir personas difíciles cuando era ejecutiva de finanzas de una empresa en la lista *Fortune 500* y administradora de organizaciones sin fines de lucro. A lo largo de mi carrera, he enseñado a muchos adultos a comunicarse de manera directa y eficaz. He tenido la bendición de proclamar este mensaje a millones a través de radio y televisión, venta de libros, conferencias e intervenciones privadas.

Después de la tremenda respuesta de todo el mundo a mi libro *Controla tu lengua en 30 días*, me di cuenta de que muchos adultos tienen dificultades en su comunicación interpersonal, que podrían haberse resuelto o minimizado si hubieran aprendido a comunicarse bien en los primeros años de su niñez. Por tanto, decidí escribir *Controla la lengua de tus hijos en 30 días* porque creo que es conveniente que se les enseñe a comunicarse eficazmente durante el período que va desde que empiezan a caminar hasta los doce años de vida.

Cuando los niños cumplen diez años, su manera de comunicarse ya se ha consolidado; para muchos, su trato con las personas es, a lo sumo, mediocre. Considero que esta es una verdadera tragedia, porque todo emprendimiento que se inicie en la vida requerirá de interacción con personas. No hay manera de evitarlo. Todos necesitamos personas que nos ayuden a lograr nuestras metas personales y profesionales. Por consiguiente, tenemos que ser intencionales en desarrollar fuertes habilidades sociales para poder expresar nuestros deseos y posicionarnos de tal manera que otros se sientan motivados a aceptarnos y respaldarnos. Por eso es esencial una buena formación en el hogar. Los niños deben aprender qué decir y qué no decir, qué comportamientos cuentan con el respaldo de otros y cuáles no.

Este libro es una combinación de normas de la "vieja escuela" y estrategias de la "nueva escuela". Creo que los niños pueden ser bien educados y aun así ser expresivos. Creo que los padres pueden administrar la "vara de la corrección" de varias formas, pero siempre con amor y coherencia. Chip Ingram, un conocido pastor y maestro de la Biblia, concuerda:

> Cuando, como parte de una investigación, se les preguntó a delincuentes juveniles qué pensaban del sentimiento de sus padres hacia ellos, casi todos dijeron que la falta de disciplina en su hogar era una señal de que sus padres no los amaban. A menudo pensamos que les estamos expresando amor cuando les decimos una y otra vez: "Te voy a dar

> otra oportunidad". Sin embargo, en realidad, lo que estamos haciendo es no ponerles límites que les muestren que están en una zona de protección donde pueden sentirse seguros. La mejor manera de amar a tus hijos es ser consecuente en tu disciplina. Y eso es sumamente difícil. Tendemos a hacer cualquier cosa para tener amistad con nuestros hijos cuando, en realidad, la disciplina es mucho más importante.[2]

Ya sea que emplees unos azotes, una reprimenda, les niegues privilegios o uses otros métodos, los niños necesitan saber con certeza que la mala conducta es una mala idea. (Aunque este libro está dirigido a padres y madres, también incluyo a los abuelos y cualquier otra persona que cuide de los niños y sea de influencia para ellos).

En la Parte 1 veremos las estrategias para instruir a los niños en "el arte de la comunicación positiva", desde la cortesía social hasta la delicadeza al hablar con Dios. En la Parte 2 nos enfocaremos en "cómo triunfar sobre la comunicación negativa", una manera de hablar que, como padre o madre, no puedes tolerar.

Una advertencia: si no estás de acuerdo con alguna de mis sugerencias o piensas que no funcionará con tus hijos, pasa a la siguiente. No hay una fórmula que sirva para todos por igual. Lo único que te pido es que no

---

2. Chip Ingram, "Five Characteristics of Biblical Discipline", Focus on the Family, www.focusonthefamily.com/parenting/effective_biblical_discipline/effective-child-discipline/five-characteristics-of-biblical-discipline.aspx.

descartes todas mis sugerencias solo porque ves que una no se ajusta a tu realidad. Sigue leyendo hasta el final.

Sé que te alegrarás de haberlo hecho.

Parte 1

El arte de la comunicación positiva

Día 1

"Gracias"

"Ingratitud con el hombre es ingratitud con Dios".

SAMUEL IBN NAGHRELA (993–1056),
ERUDITO Y POETA JUDÍO

Se cuenta la historia de que, cuando el tío Guillermo le ofreció una naranja al pequeño Juan, él la aceptó sin decir una palabra.

—¿Qué se dice, Juan? —le preguntó la madre.

—¡Pélamela! —exclamó él.

Padres, maestros y otras personas que, con regularidad, trabajan con los niños concuerdan fácilmente en que hay una *epidemia de ingratitud* entre los niños de hoy. Parece ser que la mayoría de los padres ha olvidado que es parte fundamental de los buenos modales enseñar a sus hijos a dar las gracias por los regalos o las gentilezas que otros tienen con ellos. Conviene empezar a enseñarles a ser agradecidos a muy temprana edad para que se convierta en un hábito que los caracterice durante toda la vida. Estas son solo algunas de las razones por las que los niños deben aprender a dar las gracias:

- Subconscientemente, les enseña a no *sentirse con derecho* a las cosas que reciben.

- Les enseña a reconocer la generosidad o el sacrificio que hizo la otra persona por ellos.
- Les ayuda a ser más conscientes de ser bien educados de otras maneras también.
- Hace que el dador se sienta bien de ser reconocido.

Aunque necesitas enseñarles a tus hijos a dar las gracias, es más importante aún enseñarles a desarrollar un *corazón* agradecido. Para tal fin, algunos padres toman la iniciativa de mostrarles cómo viven los menos afortunados y llevarlos a las zonas marginales de la ciudad o a otras partes del mundo. Ellos saben que es muy fácil para sus hijos estar cómodos en su pequeña burbuja de abundancia y desarrollar una perspectiva equivocada del mundo real.

Un día, Jesús sanó a diez hombres que sufrían de lepra, una de las enfermedades más segregativas y temibles de la época. Y se mostró consternado cuando solo uno de ellos que era extranjero regresó para darle las gracias.

> *Entonces uno de ellos, viendo que había sido sanado, volvió, glorificando a Dios a gran voz, y se postró rostro en tierra a sus pies, dándole gracias; y éste era samaritano. Respondiendo Jesús, dijo: ¿No son diez los que fueron limpiados? Y los nueve, ¿dónde están? ¿No hubo quien volviese y diese gloria a Dios sino este extranjero? (Lc. 17:15-18).*

Los buenos padres les recuerdan a sus hijos que todos los regalos vienen de Dios (Stg. 1:17); por tanto, cuando ellos no dan las gracias a otros, en realidad, son desagradecidos con Dios.

Cuando no enseñas a tus hijos a ser agradecidos, las consecuencias siempre son negativas:

- Les da la *falsa* impresión de que el mundo gira alrededor de sus necesidades, sus deseos y sus caprichos.
- Deja un vacío de respeto en su carácter.
- Disminuye sus posibilidades de causar una primera impresión buena y positiva.
- Los hace egoístas y desconsiderados cuando se trata de los derechos y deseos de otros.
- Los pone en mayor riesgo de fracasar en el matrimonio y de tener una mala relación con sus propios hijos.
- Disminuye sus posibilidades de progresar laboralmente como adultos, porque son incapaces o reacios a expresar agradecimiento.

Los buenos modales son importantes, y no hay mejor momento que el presente para inculcarles a tus hijos los buenos modales como una prioridad en su vida. Estas son algunas maneras prácticas de enseñarles a dar las gracias de tal manera que llegue a formar parte de su comportamiento normal:

- Agradece constantemente a tus hijos, a tu cónyuge y a cualquier otra persona de tu círculo de interacción.

- Espera y *exige* que tus hijos te den las gracias a ti y hagan lo mismo con cualquier otra persona que les haga un obsequio o tenga alguna gentileza con ellos. Incluso, antes de su fiesta de cumpleaños o festejo especial, puede que tengas que prepararles a tus pequeñas criaturas a fin de que den las gracias por cada regalo que reciban. Aunque no les guste el regalo o ya tengan uno parecido, la única respuesta apropiada es decir "gracias". Enséñales que no solo están agradeciendo a la persona por el regalo, sino también por el esfuerzo en elegirlo, comprarlo y llevárselo.
- Respóndeles "de nada" cada vez que te den las gracias, a fin de afirmar en ellos esta costumbre.
- Explícales que recibir un agradecimiento motiva a las personas a seguir siendo generosas con ellos.
- Léeles a tus hijos más pequeños historias como *Los osos Berenstain demuestran respeto.*[1] Esto te dará una oportunidad de hablarles de la importancia de los buenos modales.

Pedro y Juana son padres de un adolescente y un preadolescente. Ambos padres son profesionales con buenos ingresos y dan a sus hijos todos los lujos y beneficios propios de tener abundancia financiera. Aunque ofrendan generosamente a su iglesia y a los necesitados, lamentablemente

---

1. Stan y Jan Berenstain, *The Berenstain Bears Forget Their Manners* (Nueva York: Random House Books, 1985). Publicado en español por Editorial Vida con el título *Los osos Berenstain demuestran respeto.*

no están enseñando a sus hijos a ser agradecidos por las cosas que tienen. En vez de escuchar "gracias" de la boca de ellos, escuchan: "¿solo esto?" o "esto no es lo que yo quería" o "¿por qué no puedo tener las dos cosas?".

Cuando Juana les anunció que tenía cáncer de seno y que debía someterse a un tratamiento de quimioterapia por varios meses, su hijo de doce años le preguntó: "¿Igual vamos a ir a Florida verdad?". Sobre esta actitud, Jill Rigby advierte en su inspiradora guía para padres, *Educar hijos respetuosos en un mundo irrespetuoso*:

> Cuando tus hijos empiezan a esperar "cosas" de ti, pierden su gratitud. Considera el caso de la hija cuyo padre viaja frecuentemente por su trabajo. Puesto que el papá se siente culpable de estar afuera, cada vez que viaja le trae un regalo como muestra de su amor. Sin embargo, con el paso del tiempo, ella deja de esperar la llegada de su padre y, en cambio, espera el regalo que él le traerá. El día que el padre no le trae un regalo, la hija está descontenta… con la vida y con su padre. Los padres que consienten demasiado a sus hijos están fomentando la ingratitud en el corazón de ellos. Cuanto más dan estos padres, más cosas sus hijos quieren.[2]

Aunque el objetivo de este libro está en la comunicación verbal, ruego a los padres que conserven uno de

---

2. Jill Rigby, *Raising Respectful Children in a Disrespectful World* (Nueva York: Howard Books, 2012), 211. Publicado en español por Editorial Lumen Humanitas con el título *Educar hijos respetuosos en un mundo irrespetuoso*".

los artes de las buenas costumbres que se ha perdido: las tarjetas de agradecimiento. Cuando mi amiga Daniela heredó una gran suma de dinero de su padre fallecido, decidió dar una parte de ese dinero a sus sobrinos y sobrinas, quienes eran jóvenes adultos en su mayoría. Para su desilusión, ninguno de ellos le envió una tarjeta de agradecimiento. Un par de ellos le envió un correo electrónico.

Ella estaba molesta por lo que consideraba una "ingratitud grosera" de parte de ellos y les expresó su decepción a través de un correo grupal. Una madre minimizó el incidente y le dijo a su hijo: "Trata de entender que muchas personas mayores están atadas a la costumbre de recibir una tarjeta de agradecimiento cuando le hacen un obsequio a alguien".

Esta madre perdió una oportunidad clave de enseñar a su hijo a ser agradecido. El problema no son las manías de las personas mayores, sino ser agradecido y valorar un regalo con el debido reconocimiento. He tenido la experiencia de enviarle un regalo a una persona joven que ni siquiera me confirmó que lo recibió. ¡Qué maleducado! He conocido muchos benefactores generosos que, al no sentir una muestra de reconocimiento, dejaron de hacer regalos a ciertas personas que no les manifestaron su gratitud a través de una tarjeta de agradecimiento.

Recomiendo que los padres tengan una caja de tarjetas de agradecimiento a mano y les den el ejemplo de este hábito de vez en cuando. Los niños que saben leer y escribir pueden aprender a escribir sus propias tarjetas cuando reciben un regalo especial. La tarjeta puede decir algo tan simple como: "Gracias por el auto de juguete. ¡Es genial!".

Recuerda que cuando enseñas a tus *hijos* a ser amables, caritativos y agradecidos, los estás adiestrando para que sean *adultos* amables, caritativos y agradecidos.

Día 2

"Por favor"

"Trata a todos cordialmente, aun a quienes son groseros contigo; no porque ellos sean personas educadas, sino porque tú lo eres".

AUTOR DESCONOCIDO

Margarita tiene el hábito de ordenar la comida de mala manera a los meseros cuando está en un restaurante: "Tráeme agua". "¡Queremos más pan!". "Ya puedes traer la cuenta". Frustrada por su descortesía, su amiga Delia termina cada uno de sus pedidos con un "por favooor" con mucho énfasis. "Aquí tenemos un adulto que, obviamente, nunca aprendió la importancia de ser educado con *todos* —me dijo Delia—, incluso con aquellos que ocupan puestos de servicio". Curiosamente, Margarita suele ser generosa con sus propinas; solo que no considera importante pedir las cosas "por favor".

No fue el caso de Daniel, el joven israelita. En un relato de su juventud registrado en Daniel 1:1-15, vemos que era bastante sabio, tanto social como políticamente, al pedir las cosas "por favor". El ejército del rey Nabucodonosor había atrapado a Daniel, junto a otros jóvenes judíos apuestos e inteligentes, y los llevaron a Babilonia para servir en el palacio del rey. Cuando Daniel se enteró de la dieta especial que tendrían que seguir como parte de su preparación, se propuso en su corazón no contaminarse con la comida del rey, no permitida por la ley judía. Como un cautivo, no estaba en condiciones de negociar una manera de salir de esa situación. Por lo tanto, pidió cordialmente al supervisor del programa de preparación que tuviera una consideración especial con él y sus tres mejores amigos:

> *"Por favor, haz con tus siervos una prueba de diez días. Danos de comer sólo verduras, y de beber sólo agua. Pasado ese tiempo, compara nuestro semblante con el de los jóvenes que se alimentan con la comida real, y procede de acuerdo con lo que veas en nosotros. El guardia aceptó la propuesta, y los sometió a una prueba de diez días" (Dn. 1:12-14 NVI).*

Al final de los diez días, Daniel y sus amigos demostraron estar más saludables y mejor alimentados que los que habían comido los alimentos no permitidos por la ley judía. Por lo tanto, el supervisor les concedió permiso para seguir su dieta vegetariana. Imagina cuál hubiera sido el resultado si Daniel no hubiera sido educado.

¿Y tú? En tu interacción diaria con los demás, incluso con tu familia, *¿pides* o *exiges* a las personas que respondan a tus deseos? ¿Pides siempre las cosas con un "por favor"? Si no, ¿podría ser esta la causa por la que a tus hijos les cuesta practicar esta importante norma de cortesía?

Padres, ustedes *deben* enseñar a sus hijos a pedir las cosas "por favor" e insistir en que lo hagan. Ustedes estarán ejerciendo una gran influencia y ayudando a la sociedad a vencer la mentalidad egoísta de creerse con derechos, prevalente en nuestra cultura. El esfuerzo debe comenzar en el hogar. Los padres deben empezar a enseñar a sus hijos a comprender el valor de *pedir* en vez de *exigir.*

Varios estudios del comportamiento documentan que nos hemos convertido en una sociedad egoísta, que espera y demanda lo que quiere, cuando lo quiere. Estos estudios también muestran que los padres son los mayores culpables de esta decadencia social debido a su falta de instrucción sobre los buenos modales.

Enseñar a los hijos a pedir las cosas "por favor" no es tan difícil como podría parecer, especialmente si la instrucción empieza a una edad muy temprana. Para los padres de niños que recién empiezan a caminar y que están en edad preescolar, todo se resume en expectativas y consecuencias. Si tú pides las cosas con un "por favor" e instruyes, esperas y *exiges* que tus hijos lo hagan así, se convertirá en un acto reflejo para ellos. Si no lo estableces como un requisito con su debida consecuencia, formarás hijos muy mal educados.

Enseña a tus hijos que las palabras *por favor* son como una llave maestra, que abre la disposición de una persona de escuchar sus pedidos. Cuando los padres no enseñan a sus hijos a pedir las cosas con un "por favor", sin querer:

- minimizan su respeto por la autoridad,
- aprueban esa actitud de "cualquier cosa que digo está bien",
- colaboran al número de matrimonios que fracasa

por una falta de reconocimiento y respeto de uno por el otro.

Para los padres cuyos hijos están un poco grandes y ya han caído en el hábito de no ser cordiales, las siguientes sugerencias deberían ayudarles a reencauzarlos en esta buena costumbre.

Diles a tus hijos que estás estableciendo normas de respeto más altas y que pedir las cosas con un "por favor" ahora es una norma en la casa.

Ignora cualquier pedido que no venga acompañado de las palabras "por favor". Puede que tengas que recordárselos y decirles algo como: "Estoy esperando las palabras mágicas".

Dales un buen ejemplo y pídeles las cosas con un "por favor" ("Guille, ¿podrías sacar la basura después de la cena, por favor?". "Gaby, ¿podrías sacar el perro al patio, por favor?"). Esto te ayudará a dar y recibir respeto de tus hijos. *Una advertencia*: tal vez en algunos casos no sea aconsejable pedirles las cosas con un "por favor" porque podría debilitar tu autoridad o hacerles pensar que la obediencia es opcional. Si estás dando órdenes o reglas importantes, tus palabras deben ser más firmes:

"Necesito que estés en casa antes del anochecer".

"Deja de patear a tu hermano".

"Debes hacer tu tarea antes de mirar televisión".

Sin embargo, una simple cortesía como: "¿Me puedes pasar la mantequilla, por favor?" o "¿Puedes bajar el tono de la voz, por favor?" es un buen entrenamiento en el hogar.

Durante mi niñez, no recuerdo que mi padre, quien siempre era agresivo con sus palabras, ni mi bondadosa madre nos pidieran alguna vez las cosas con un "por favor" a cualquiera de sus siete hijos. Todo era una orden, y no obedecer la orden de mi padre traía consecuencias rápidas y dolorosas. Pedir las cosas con un *por favor* no era parte de la cultura de nuestro hogar. Con el paso de los años, a menudo he tenido que recordar la necesidad de agregar las palabras "por favor" a mis pedidos. A veces me olvido. Desde luego que mi tierno esposo es rápido para recordármelo. Por ejemplo, cuando le pido: "¿Podrías traerme el maletín que está arriba?", generalmente me responde: "por favor".

Explícales a tus hijos que pedir las cosas con un "por favor" ayuda a la otra persona a sentirse apreciada, ya que hacerlo de esta manera le muestra que tú reconoces que ella tiene la opción de conceder tu pedido (aunque en algunas circunstancias la otra persona podría sufrir consecuencias negativas si decide no hacerlo).

Enséñales que pedir las cosas con un "por favor" es una muestra de humildad y respeto, y que es probable que reciba de la otra persona más respeto, colaboración y favor a cambio. Desde luego, hay que tener cuidado de no pedir las cosas con un "por favor" con el solo objetivo de obtener un beneficio personal, sino hacerlo de corazón, con el genuino reconocimiento del valor del otro.

Enseñar a tus hijos a pedir las cosas con un "por favor" tendrá un efecto positivo y duradero en la calidad de sus relaciones personales y profesionales futuras. Créeme, te lo aseguro.

Día 3

"No, gracias"

"La amabilidad puede convertirse en su propio motivo. Nos volvemos amables siendo amables".

ERIC HOFFER, FILÓSOFO ESTADOUNIDENSE DE CARÁCTER MORAL Y SOCIAL

Cuando mi sobrina Alexa tenía cinco años, la acompañé a pedir los dulces típicos de la celebración de Halloween. Todo iba bien hasta que nos detuvimos en la casa de una vecina que solo tenía caramelos de chocolate. Cuando la vecina le extendió la bolsa de caramelos, Alexa dijo: "No me gusta el chocolate". Un poco avergonzada por la franqueza de Alexa y por temor a que pudiera repetirse la situación con otros vecinos, le advertí (mientras nos alejábamos para que no nos escuchara): "Tesoro, si alguien te ofrece algo que no te gusta, solo di: 'No, gracias'". Ella asintió y seguimos con el recorrido.

Después, como a la quinta casa, tocamos el timbre y otra simpática vecina sacó una bolsa enorme de caramelos de chocolate. En el momento oportuno, Alexa dijo: "No, gracias". Me sentí orgullosa y gratificada de que hubiera aprendido tan rápido. La vecina, asombrada de ver que una niña rechazaba los caramelos en esa "noche para dulces" especial, empezó a bombardearla con preguntas para saber por qué no quería los caramelos. Alexa, frustrada y sin saber qué más decir, respondió gritando: "¡No me gusta el chocolate!".

Enseñar a tus hijos cuándo y *cómo* decir "no, gracias" es educarlos sabiamente. No solo contribuye a su buena educación, sino que también rinde otros beneficios, como los siguientes:

- desarrolla su confianza y autoestima al permitirles tomar decisiones por sí mismos;
- desarrolla su carácter al enseñarles a tratar con personas y situaciones con amabilidad y respeto;
- les enseña que hay una manera correcta y otra incorrecta de rechazar algo.

Por eso es una buena idea implementar las siguientes prácticas:

- No permitas que tus hijos respondan "No" solamente; exígeles que digan: "No, gracias".
- Corrige delicadamente a tus hijos cuando olviden los buenos modales.
- Felicítalos cuando digan: "No, gracias" y diles que valoras cuando lo hacen.
- No permitas que usen el "No, gracias" como una vía de escape para evitar cosas que no les gusta, como, por ejemplo, comer vegetales. Anímalos a probar nuevos alimentos, a participar en actividades nuevas y otras cosas de las que, de otra manera, podrían rehuir.

- Respóndeles: "No, gracias" de tanto en tanto cuando te pidan que juegues con ellos, que les leas un libro por sexta vez o que los lleves al parque: "No, gracias. Ahora no puedo, pero lo haremos en otro momento". Este será un buen adoctrinamiento para que aprendan a aceptar cuando otras personas les digan: "No, gracias".

Hay ocasiones cuando es perfectamente adecuado y necesario que tus hijos digan "no" solamente, sin el "gracias". Esas ocasiones incluyen:

- cuando una persona extraña les habla y les pregunta o les pide que vayan con ella;
- cuando los manosean de manera inapropiada y les piden que participen de esa acción;
- cuando los presionan a participar de actividades ilegales o prohibidas;
- cuando alguien en autoridad les pide que hagan algo que los avergüenza.

Los expertos en seguridad infantil y fundadores de la Fundación KidSafe, Cherie Benjoseph y Sally Berenzweig, advierten contra la obediencia ciega a toda autoridad que nuestros padres nos hayan inculcado. Con respecto a su hijo de diez años, Cherie explica: "Queremos que sea educado, pero *nunca* a expensas de su seguridad. Y solo porque un adulto, como un maestro o un consejero, le diga que haga algo que lo avergüenza o confunde,

¿adivina qué? ¡No tiene que hacerlo! Tiene el derecho de decir que no, y él lo sabe".

Ella relató un incidente que tuvo su hijo en la colonia de vacaciones. El consejero del grupo, presionado por el tiempo para terminar con las actividades, insistió en que los niños se cambiaran el traje de baño en un vestuario abierto en vez de hacerlo en los compartimentos individuales que habían usado los dos días previos. El hijo de Cherie se negó a hacerlo y le dijo: "No quiero que nadie vea mis partes íntimas y yo no quiero ver las de nadie". El consejero apeló al director, quien aprobó el derecho a la privacidad del niño.

Benjoseph y Berenzweig hacen la siguiente advertencia: "Vuelvan a pensar en lo que les están enseñando. ¿Tienen sus hijos el derecho a decir que no a alguien que los pone en una situación vergonzosa? ¿Aunque sea un adulto? ¿Han hablado con sus hijos sobre esto? ¿Dan por descontado que sus hijos saben que tienen este derecho? ¿O realmente han hablado de esto?".[3]

¡Gracias, Cherie y Sally! Espero que estas situaciones que ameritan un "no" a secas sean escasas y poco habituales en la vida de su hijo.

---

3. Cherie Benjoseph y Sally Berenzweig, "Teaching Your Child to Say No!," www.modernmom.com/ad9c804e-3b35-11e3-be8a-bc764 e04a41e.html.

Día 4

El saludo

"El hombre que tiene amigos debe ser amistoso".

PROVERBIOS 18:24 (RVR1995)

Jorge, director del departamento de finanzas de una organización sin fines de lucro, entra cada día al salón de descanso sin saludar a sus compañeros de trabajo reunidos allí para beber café. David, uno de los empleados más francos de Jorge, está molesto por su evidente falta de buenos modales y respeto. Un día, no dispuesto a seguir tolerando la conducta de su jefe, David decidió saludar primero. Para su desilusión, su jefe ni siquiera le respondió. Entonces David exclamó: "¡Jorge, te dije: 'buenos días'!". Solo en ese momento, Jorge, que había estado totalmente inmerso en sus propios pensamientos, le responde con un débil 'buenos días'.

David y yo coincidimos en que saludar a un grupo de personas conocidas (o incluso desconocidas) al entrar a un lugar debería ser un hábito bien arraigado en nosotros. También llegamos a la conclusión (tal vez de manera un poco crítica) de que, probablemente, a Jorge nunca le enseñaron de niño a relacionarse con las personas. La mayoría de los empleados de su departamento no lo estiman mucho debido a su aparente indiferencia hacia ellos. Con razón no se sienten obligados a hacer ningún esfuerzo adicional cuando hay que cumplir con un plazo inminente.

Ahora bien, el caso de Javier y su "reticencia a saludar" es un poco diferente. Hace poco este adolescente empezó a salir con la hija adolescente de mi pariente Gustavo, quien se lamentaba y me decía: "El novio de Alejandra es muy irrespetuoso. Cuando entro a la habitación donde están, ni me dirige la palabra. De hecho, *jamás* me ha dicho nada en absoluto". Mientras escuchaba su queja, pensé: *si Javier está siempre allí cuando tú entras a la habitación, ¿no deberías tú saludarlo primero?* (Desde luego, sabía que estaba hablando con un padre obstinado, que ya tenía una opinión negativa del joven).

Una semana después de nuestra conversación, Alejandra vino acompañada por Javier a una cena especial en nuestra casa. Lo saludé afectuosamente y le hice una broma a Alejandra por la maneara tosca de presentármelo (todos los jóvenes que conozco saben que soy detallista con esas cosas). Después empezamos a dialogar informalmente sobre la manera adecuada de saludar y presentarse. Aprovecharon esta oportunidad cuidadosamente orquestada y, a los pocos minutos, estaban practicando la manera de presentar a sus padres, familiares, amigos, pastores, maestros y otros. Estábamos pasando un momento entretenido cuando les dije, confidencialmente (con un guiño de ojo), que Gustavo estaba molesto porque Javier siempre lo ignoraba y nunca le hablaba.

—Javier —le pregunté— ¿por qué no le hablas?

—Creo que los demás siempre deberían hablarme primero —respondió Javier.

Me quedé atónita. Ahora sabes por qué estoy dirigiendo este libro a los padres de niños con menos de trece años de edad. Una vez llegan a la adolescencia, a menudo su actitud ya se ha consolidado. Intentar cambiarla es como tratar de sacar el azúcar del caramelo.

Enseñar a tus hijos, cuando son pequeños, cómo y cuándo saludar a las personas determinará la primera impresión que las personas tengan de ellos. Más aún, tendrá una gran incidencia en la calidad de sus relaciones personales y profesionales futuras. Desde que un niño aprende a hablar, se le puede enseñar a decir hola. Todo padre sabio, que quiere afianzar en su hijo esta forma de comunicación positiva, le dirá a su pequeño: "Te felicito por saludar a la Sra. Bravo". Enséñales a tus hijos que si quieren amigos, deben mostrarse amistosos.

Una advertencia: Una vez que los niños aprenden a saludar y ven lo feliz que esto hace a los adultos que conocen, podrían sentirse tentados a ir más allá y saludar a todos los que se crucen en su camino, incluso a los desconocidos. No sería bueno desalentar a una futura "Señorita Simpatía" o "Señor Personalidad"; sin embargo, debes enseñar a tus hijos a protegerse cuando están lejos de ti o de otra persona adulta responsable. Para tal fin, el Consejo Nacional de Prevención del Crimen recomienda lo siguiente:

> Habla con tus hijos sobre cómo deberían responder en una situación difícil. Puedes enseñarles

la siguiente estrategia: "decir 'no', huir, gritar, hablar". Ante una situación peligrosa, los niños deberían decir "no", salir corriendo, gritar tan alto como puedan y contarle de inmediato lo que pasó a un adulto de confianza. Asegúrate de que tus hijos sepan que está bien decir "no" a un adulto en una situación peligrosa y gritar para protegerse aunque estén en un espacio cerrado. Es bueno practicar estas diferentes situaciones para que tus hijos se sientan seguros al saber qué hacer. Estas son algunas situaciones posibles [yo sugiero practicar con estas]:

- Un extraño de apariencia agradable se acerca a tus hijos en el parque y les pide que lo ayuden a encontrar su perro perdido.
- Una mujer del vecindario, pero con la que tus hijos jamás han hablado, los invita a su casa para comer algo.
- Al salir de la escuela, un extraño les pregunta si quieren que los lleve de regreso a casa.
- Tus hijos piensan que alguien los está siguiendo.
- Un adulto que tus hijos conocen dice o hace algo que los hace sentir mal o avergonzados.
- Mientras tus hijos regresan de la casa de un amigo, un auto se detiene y un extraño les pregunta por una dirección.[4]

---

4. National Crime Prevention Council, "What to Teach Kids About Strangers", www.ncpc.org/topics/violent-crime-and-personal-safety/strangers.

En algunos casos la estrategia "decir 'no', huir, gritar, hablar" podría resultar exagerada ya que la mayoría de los desconocidos son personas simpáticas sin malas intenciones; sin embargo, es mejor prevenir que curar. Solo ten cuidado de no enseñar a tus hijos que *todos* los extraños son malos. Después de todo, ¡podría tratarse de un desconocido bueno que los rescate de un desconocido malo!

Día 5

Pedir disculpas o permiso

"La vida es corta, pero siempre hay tiempo para la cortesía".

Ralph Waldo Emerson, ensayista y poeta estadounidense

Sandra estaba haciendo compras con su hijo de cuatro años, Joaquín, en una tienda local de artículos varios cuando se encontró con su amiga María en la sección de juguetes. Se pusieron a conversar y estaban pasando un momento sensacional cuando Joaquín interrumpió con un camión de juguete color rojo en sus manos.

—Disculpa. Disculpa, mami.

Sandra lo ignoró y siguió con su conversación.

—¡Disculpa! ¡Disculpa! ¡Mami, disculpa! —siguió diciendo cada vez más fuerte.

—¡Joaquín, ahora no! ¿No ves que estoy hablando con la señorita María!".

—Pero dije "disculpa".

Estoy segura de que has experimentado o presenciado esta escena infinidad de veces con los niños. Pedir disculpas es una de las normas de cortesía más comunes que los niños deben aprender para ser personas bien educadas. Betsy Brown Braun, especialista en desarrollo y comportamiento infantil y exitosa autora de *Just Tell*

Me What to Say: Sensible Tips and Scripts for Perplexed Parents [Solo dime qué decir: Consejos sensatos para padres perplejos], advierte a los padres que hay un propósito aún más importante que la cortesía.

> Los padres saboteamos esta lección cuando enseñamos a nuestros hijos que *pedir disculpas* les da la posibilidad de entrar en la conversación. También nos equivocamos cuando no les pedimos que esperen. Un poco de espera aumenta su tolerancia y su capacidad de postergar la gratificación.
>
> Sí, estamos hablando de niños, niños pequeños. ¡Y cuánto les cuesta esperar cuando tienen algo que decir ya! Pero aprender a esperar y no interrumpir es una lección que podría ser aún más importante que *pedir disculpas*. Una cosa es pedir que tus hijos esperen cinco minutos mientras tú hablas. Eso es mucho tiempo para un niño pequeño. Otra cosa es enseñarles que cuando tú termines tu saludo, tu pensamiento, tu oración, solo entonces será el turno de ellos.[5]

Las siguientes estrategias pueden ser útiles a la hora de enseñar a tus hijos a no interrumpir cuando estás trabajando o hablando con otra persona, o te estás tomando un tiempo para ti:

Esperar que te interrumpan. Tus hijos no se dan cuenta o no entienden qué es interrumpir. Solo saben que ellos

---

5. Betsy Brown Braun, "Excuse Me… and Don't Interrupt!," Betsy Brown Braun (blog), 9 de enero, 2011, http://betsybrownbraun .com/2011/01/09 /excuse-me-and-dont-interrupt/.

necesitan o quieren tu atención y que, en el pasado, tú casi siempre los has atendido de una manera rápida y satisfactoria. Ellos no encuentran una razón para pensar que ahora será diferente.

Enseñarles que te den una señal específica cuando quieran o necesiten hablar contigo. Algunos padres enseñan a sus hijos pequeños a tocarles la pierna o tomarles de la mano antes de hablar. Esto te permite tener contacto visual con el niño y pedirle que espere, o puedes disculparte con quien estés y permitirle al niño hablar.

Cuando tus pequeños llegan a la edad preescolar, puedes *enseñarles a usar expresiones situacionales* ("¿Puedo hablar contigo?" o "Te necesito"), según la circunstancia. Por ejemplo, si tu hijo viene corriendo y dice: "Te necesito", tú sabrás que se trata de una situación (un pedido urgente de ir al baño, un peligro potencial, etc.) que demanda tu atención inmediata, porque le has enseñado a usar esa frase solo para ese tipo de situaciones.

Establece pautas. Una vez que tus hijos llegan a la edad escolar, deberían saber perfectamente bien cuándo pueden interrumpirte y cuándo no. Después de establecer esas pautas, sé firme para que las cumplan.

En cuanto a las pautas para interrumpir, podrías usar algunas de las siguientes que han demostrado ser eficaces:

- Pon un cartel de "no molestar" cuando estás disfrutando un momento a solas o un momento de intimidad con tu esposo. Explícales a tus hijos en qué circunstancias pueden golpear a la puerta e interrumpir (lastimadura, asfixia, etc.).

- Al hablar con tus hijos, sé siempre cortés, a menos que ellos estén haciendo algo indebido.
- Enseña a tus hijos a usar su razonamiento y su capacidad de resolver problemas para que tengan menos necesidad (o supuesta necesidad) de interrumpirte para que tú resuelvas sus problemas.

Tus hijos aprenderán mejor *cuándo*, *cuándo no* y *cómo* interrumpir cuando tú les enseñes con el ejemplo. Si ellos ven que tú interrumpes a tu esposo, les estás enviando un doble mensaje.

En una ocasión estaba aconsejando a una pareja y les pedí que cada uno diera su perspectiva del problema. La mujer habló primero en gran detalle. Sin embargo, cuando fue el turno del esposo, ella lo interrumpía constantemente con comentarios sobre lo que él había dicho. Se veía que nunca había aprendido a esperar su turno para hablar. ¿Será que nunca le enseñaron esta habilidad cuando era niña?

Más allá de las interrupciones, tus hijos necesitan aprender a "pedir disculpas o permiso" en otros momentos, como por ejemplo:

- cuando eructan o eliminan gases accidentalmente;
- cuando, sin querer, hacen ruido al sorber una bebida;
- cuando le pisan el pie o se chocan con alguien sin darse cuenta;

- cuando estornudan o bostezan (enseñarles también que se tapen la boca);
- cuando necesitan la atención de alguien;
- cuando necesitan que alguien repita algo (¿discúlpame?);
- cuando necesitan pasar a través de una multitud;
- cuando necesitan alcanzar algo (por ejemplo, cuando necesitan presionar el número de piso en el ascensor. Mejor pedirle a la persona que está más cerca del panel de control que presione el número de ese piso).

Aunque no seas padre, si eres una de las personas que influencian la vida de los niños, sé diligente en inculcar estas pautas. Será una inversión que pagará grandes dividendos sociales.

Día 6

Pedir perdón no es solo decir "lo siento"

"Nunca arruines una disculpa con una excusa".

Benjamin Franklin

Después que el maestro descubriera a Samanta haciendo trampa en un examen, ella estaba arrepentida, pero tenía demasiada vergüenza y demasiado orgullo para disculparse frente al resto de la clase que ahora debía volver a tomar el examen.

Maggie nunca se imaginó que no invitar a Abigail a su fiesta causaría tanto problema. No era que Abigail no le caía bien, sino que no tenían nada en común. Pero cuando algunas de las muchachas de la fiesta empezaron a hablar de Abigail y a publicar mentiras sobre ella en las redes sociales, Maggie se sintió muy mal. Ella no había hecho nada malo, pero sucedió en su fiesta y se sintió responsable. Maggie fue a ver a Abigail y a su madre, y les pidió perdón. Dijo que sabía que lo que las muchachas habían dicho no era verdad y que hubiera querido hacer más para detenerlas.

Olivia, de cinco años, estaba enojada con su hermana Ana por haber delatado a los padres que Olivia había ensuciado todo mientras pintaba con los dedos sobre la mesa de la cocina. Para vengarse, Olivia rompió la muñeca nueva de Ana que gateaba y se reía. ¡Ana estaba desconsolada! Le habían regalado la muñeca en Navidad, hacía apenas una semana, y ahora estaba rota. Los padres enviaron a Olivia a su habitación para que pensara en lo que había hecho y en lo que debía hacer como resultado de sus acciones. Como toda típica niña de cinco años, no lo pensó mucho hasta que Ana le dijo: "No solo rompiste mi muñeca. Me pusiste triste y me rompiste el corazón. Es como si hubieras arruinado la Navidad". Las palabras de Ana hicieron que Olivia se sintiera sumamente arrepentida, y se disculpó y le pidió perdón. Además, ofreció usar los ahorros de su alcancía para comprarle a Ana otra muñeca. Con los años, llegaron a desarrollar la relación más cercana que dos hermanas pueden tener.

Disculparte es reconocer que has cometido una acción ofensiva ("te pido disculpas por comerme tu barra de chocolate sin pedirte permiso"); es la razón por la que necesitas arrepentirte. El arrepentimiento es una expresión de tu pesar y remordimiento por haber cometido esa ofensa. Cuando pides perdón, te concentras en el dolor o el inconveniente que le causaste a otra persona.

Muchos padres insisten en que sus hijos siempre pidan perdón, y estos, a menudo, están dispuestos a hacerlo porque se los amenaza con otras consecuencias. Pero decir "lo siento" es una disculpa incompleta. Estos son los elementos esenciales de una disculpa completa según el Salmo 51, el pasaje que el rey David escribió a Dios después de acostarse con Betsabé y ordenar el asesinato de su esposo para ocultar el embarazo resultante (2 S. 11).

- Reconocer la ofensa específica. ("Te pido perdón por romper el jarrón").
- Admitir estar arrepentido. ("Lo siento mucho. Me siento muy mal por lo que hice, porque sé cuánto significaba para ti").
- Aceptar toda la responsabilidad de tus acciones. ("Me hago cargo de lo que hice. No debí haber corrido por toda la casa"). No dar excusas o culpar a otro, especialmente a la víctima. ("Estaba corriendo porque mi hermano me estaba persiguiendo". "No tendrías que haber puesto ese jarrón en tan mal lugar").
- Pedir perdón. ("Te pido que me perdones, por favor").
- Asegurar que cambiarás tu comportamiento en el futuro. ("No volverá a suceder. Prometo no correr en la casa y tener más cuidado por dónde voy").
- Intentar reparar las cosas cuando sea posible. ("Estoy dispuesto a ahorrar de mi mensualidad hasta juntar el dinero suficiente para reemplazar el jarrón").

Adultos y niños pueden emplear este modelo para casi cualquier ofensa. Darla Noble, una experimentada madre y abuela, que ha escrito numerosos artículos y recursos sobre la educación de los hijos y la vida familiar, me explicó que empleó principios similares en la crianza de sus hijos.

> Nunca forzamos a nuestros cuatro hijos a decir "lo siento". Obligarles a decir algo que no sentían hubiera sido inútil. En cambio, los colocamos en la posición de ver o experimentar el resultado de lo que habían dicho o hecho. Tenían que escuchar a sus hermanos llorar o expresar su enojo o dolor. Tenían que cederles sus juguetes o regalos a los hermanos que habían maltratado. Tenían que limpiar y curar la herida o raspón causado. Nuestra intención era que ellos realmente lo sintieran y estuvieran arrepentidos en vez de tan solo decir "lo siento".

De modo que, padre o madre, si has notado que tus hijos no piden perdón cuando lastiman u ofenden a otros, intenta estas estrategias:

- Haz que pedir perdón sea parte de tus hábitos personales. Ningún hijo dejará de aprender la valiosa lección de un padre o una madre que le pide perdón por herir sus sentimientos, por reaccionar mal o por ser insensible. ("Juan, discúlpame por no permitir que me expliques la historia completa de cómo se rompió la ventana. Te pido que me perdones").
- Enséñale al niño ofendido a expresar sus sentimientos al ofensor. ("Me sentí avergonzado cuando

hiciste burla de mi cabello frente a tus amigos". "Me puse triste cuando rompiste mi muñeca").

- Habla con tus hijos regularmente sobre cómo nuestras palabras y acciones afectan a otros y la responsabilidad que tenemos de tratar a las personas de una manera amable y positiva.

Enseñar a tus hijos a pedir perdón de manera eficaz y en el momento indicado es una lección importante que les servirá durante toda la vida. Les puede ahorrar conflictos emocionales y los puede dotar de las habilidades sociales necesarias para llegar a ser excelentes cónyuges, padres, amigos, vecinos, empleadores, empleados y siervos de Dios. Formar hijos sensibles y compasivos, que están dispuestos y son capaces de hacerse cargo de sus acciones, es un regalo que le haces al mundo.

Día 7

La manera de dirigirse a los adultos

"Ponte de pie en presencia de los mayores. Respeta a los ancianos".

LEVÍTICO 19:32 (NVI)

En la divertidísima serie infantil "Junie B. Jones", escrita por Barbara Park, Junie describe a su maestra de jardín de infantes con estas palabras: "Mi maestra se llama señorita. Tiene otro nombre también, pero a mí me gusta decirle señorita y nada más". Aunque Junie pueda ignorar el apellido de su maestra, sabe muy bien cómo dirigirse a un adulto.

A la hora de enseñar a tus hijos a dirigirse correctamente a los adultos, no hay definiciones claras de lo que es siempre correcto y lo que no lo es. Desde luego, algunos casos se sobreentienden (o eso pensaríamos), como "abu" y "tata" o cualquier nombre sustituto que el adulto prefiera. Solía haber (y todavía deberían existir) otros adultos en esta categoría: los maestros, los entrenadores, los padres de los amigos de tus hijos e incluso los tíos.

Sin embargo, debemos reconocer que los tiempos han cambiado. Aunque nunca está de más y siempre es apropiado enseñar y esperar que tus hijos se dirijan a los mayores con respeto, hay casos en que los adultos no desean títulos como "señor" o "señora". Veamos algunos ejemplos que muestran los dos lados de este asunto:

- Hay un campamento juvenil cristiano, dirigido por voluntarios con pasión por el ministerio de niños y jóvenes. Debido a la gran cantidad de tiempo que pasan con los niños y adolescentes que asisten al campamento cada verano, han desarrollado una relación cercana y de confianza con ellos. Por eso, los líderes prefieren que los niños los llamen por su primer nombre. "Me sentiría incómodo si ellos me llamaran de otra manera", dijo uno de los líderes. "Sentiría que no me he ganado la confianza de los niños", dijo otro.

- Mary afirma: "No importa cuántos años tenga, jamás me voy a dirigir a mis tíos de otra manera que no sea como "Tía _____" o "Tío _____". Así me han criado. Es una muestra de respeto por su posición en la familia. Llamarlos solo por su primer nombre sería como decir que no los aprecio tanto".

- Muchos entrenadores prefieren que los llamen "Entrenador (Primer nombre)" en vez de "Señora" o "Señor". Al usar el título "Entrenador", sigue presente el respeto por la autoridad, pero el uso del primer nombre también transmite confianza o compañerismo.

- Laura Ramos ha sido la directora del centro de cuidado infantil de una iglesia durante casi veinte años. Ella siempre les ha pedido a los niños que la llamen "Señorita Laura" en vez de "Señorita Ramos". Así es cómo ella quiere que la llamen.

Cada una de estas situaciones plantea argumentos firmes que la mayoría de los padres no criticaría. Pero, aun así, eso no responde la pregunta de cómo saber a quién dirigirse de manera formal y a quién no. Puesto que a menudo se trata de una preferencia individual, intenta establecer las siguientes pautas generales para tus hijos:

- Dirigirse a cualquier persona en autoridad por su título como una señal de respeto tanto por la persona como por su posición. Esto incluye a los pastores (Pastor _____), oficiales de policía (Oficial _____) y maestros (Señor/Señora/Señorita _____).
- Dirigirse a los miembros adultos de la familia por el título adecuado y su nombre (Tía _____, Tío _____, Primo _____, etc.).
- Dirigirse a los adultos sin vínculo familiar como "Señor/Señora/Señorita (apellido)" o "Señor/Señora/Señorita (primer nombre)". Si hay duda, deben preguntarles cómo les gustaría que los llamen.
- Referirse a los padres de los amigos como "Señor o Señora (apellido)". Las excepciones a esta regla solo deberían ocurrir si el adulto en cuestión pide que lo llamen por su primer nombre. Aun así, si no

estás de acuerdo en permitir que tus hijos se dirijan a este adulto de esa manera, díselo amablemente.

Al enseñar a tus hijos cómo y por qué deberían dirigirse a los adultos que los rodean de cierta manera, es importante comunicarles que esos títulos son más que palabras. Tus hijos deben saber que esos títulos reconocen su comprensión del respeto y la autoridad, así como el honor por la posición del adulto.

Como padre o madre, debes tener un poco de paciencia con tus hijos cuando se les olvida. Recuérdales cordialmente las pautas y lo que esperas de ellos. Lo que instruyas a tus hijos tendrá más peso si tú también cumples las mismas normas en ciertas situaciones. Por ejemplo, es totalmente realista que tus hijos esperen que te dirijas a tus amigos, sus maestros o tus vecinos como "Señor/Señora/Señorita _____" (cuando tus hijos están presentes) en vez de llamarlos por su primer nombre.

Como tía, tengo la libertad de corregir a mis sobrinos si no se dirigen a mí adecuadamente, aunque raras veces sucede. Sin embargo, hace varios años le estaba contando un incidente a mi sobrina de diez años, cuando ella me dijo: "¡Chica, estás mintiendo!". Me sorprendió escuchar que se tomara tanta libertad para hablar conmigo. Amablemente, le expliqué que esa manera de dirigirse a mí era inaceptable y le dije: "Tesoro, escúchame, yo no soy tu amiga ni tu compañera. Soy tu tía. Vas a tener que dirigirte a mí como 'Tía Deborah'". Ella sabía que yo no estaba bromeando y acató lo que le dije. Desde entonces no he vuelto a tener problemas de ese tipo con ella.

De modo que reto a las tías y a los tíos y a otros miembros de la familia a recordar que "criar a los niños es labor de todos". Asegúrense de hacer su parte en enseñar a los niños de su familia a ser respetuosos.

Día 8

Hablar en voz baja

"Los derechos de un hombre terminan donde comienzan los de otro".

AUTOR DESCONOCIDO

El estudio bíblico del domingo por la tarde estaba en pleno desarrollo en la pequeña iglesia rural. El pastor había comenzado un nuevo estudio sobre el libro de Santiago en el Nuevo Testamento. Empezó con una breve introducción al libro: quién lo escribió, cuándo se escribió, el tema general, etc. Había una asistencia de unas treinta personas, incluida una pareja joven con sus cuatro hijos. Ema, la más pequeña, estaba sentada en el banco jugando en silencio con su muñeca. Cuando el pastor dijo que Santiago era el hermano de Jesús, Ema saltó de su asiento y dijo a gritos:

—¡Pastor Daniel, yo no sabía que Jesús tenía un hermano! ¡Qué bueno!

—Sí, así es —dijo el pastor y siguió con el estudio bíblico (después que la risa se apaciguó).

Cuando tus hijos cumplen los tres años de edad, desarrollan un problema con el control del volumen: no lo pueden controlar. Saben hablar solo de una manera: ¡A GRITOS! Una vez que empiezan la escuela, por lo general entienden el concepto de "hablar en voz baja" en el salón de clases, a la hora de la cena y esperamos que en los lugares públicos también.

La incapacidad de hablar en voz baja siempre trae complicaciones a los niños o sus padres. Todos saben que la falta de control del volumen avergüenza a los padres e irrita a quienes están sometidos a sus inocentes indiscreciones. Por eso los padres deben tomarse el tiempo de enseñar a los niños pequeños a hablar sin gritar…

- en el hogar,
- en la iglesia, en restaurantes, en aviones y en otros lugares públicos,
- cuando están muy cerca de la persona con la que están hablando.

A la hora de enseñar a los hijos a hablar en voz baja, la mayoría de los padres dice tener más éxito cuando:

Les prestan total atención a sus hijos cuando ellos les hablan para que estos no piensen que hablar en voz más alta hará que les presten más atención.

Les muestran a sus hijos la diferencia entre hablar en voz baja y gritar. Los niños pequeños no gritan deliberadamente para ponerte nervioso o porque piensan que necesitan hacerlo. Su falta de control del volumen, por lo general se debe al entusiasmo por lo que tienen que decir.

No responden preguntas ni atienden necesidades que sus hijos expresan a gritos (a menos que sea una emergencia real). Estos padres sencillamente les dicen con toda calma, que les van a responder cuando les hablen en voz baja. Por favor, si notas que tus hijos no entienden el concepto de hablar en voz baja, puede que necesites hacer evaluar su audición para descartar la posibilidad de problemas auditivos.

Cuando Dan McCauley, propietario de un restaurante en Chicago, se hartó de los gritos de los niños, colocó un letrero en la puerta de entrada: "Niños de todas las edades deberán comportarse y hablar en voz baja". Varios padres se ofendieron y concluyeron que sus hijos no eran bienvenidos en su establecimiento. No entendieron en absoluto el mensaje. Por favor, no seas de esos padres que son ajenos a la contaminación acústica de sus hijos y el efecto que tiene sobre las personas que están cenando en el lugar. Una de mis maestras favoritas de la escuela solía decir: "Los derechos de un hombre terminan donde comienzan los de otro". Las otras personas tienen el derecho de disfrutar una cena placentera sin tolerar los gritos de los niños.

Una vez que superas esos primeros años y tus hijos aprenden la importancia de hablar en voz baja en ciertos ambientes, no pienses que ya puedes respirar de alivio. Cuando tus hijos entran a la pubertad, tienden a volver a hablar en voz alta y a perder el control del volumen. Con las muchachas, son el cotorreo, las risitas tontas y los gritos estridentes. Con los varones, es su manera de vociferar, incordiar y alardear y fanfarronear sobre sus músculos, sus logros atléticos y cosas por el estilo.

Podrías sentirte tentado a darles una dosis de su propia medicina y *gritarles* (en vez de *pedirles*) que saquen la basura, hagan su tarea escolar o se sienten a la mesa para cenar. Algunos padres dicen que eso les funciona. Sin embargo, debes saber que así les estás transmitiendo que gritar es la norma para obtener resultados. Es mejor que les expliques a tus hijos que no puedes responderles cuando te hablan a gritos, porque te cuesta concentrarte en la conversación. Cuando entienden el mensaje de que no los escucharás hasta que bajen el tono de la voz, puedes estar seguro de que no tardarán en hacerlo. Soy una gran defensora de los límites con consecuencias.

En lo que respecta a tus hijos adolescentes, permíteles la falta de control del volumen de vez en cuando. Que se rían tontamente y cotorreen. Que den un grito estridente por el entusiasmo o la sorpresa de enterarse de quién le gusta a quién o qué pasó en la clase de lenguaje. Que los varones hagan alboroto mientras tratan de contar la historia más sensacional y piensan que, cuanto más fuerte la cuenten, mejor es. Una madre experimentada dijo lo siguiente:

> Escucha el consejo de una madre con hijos grandes que ya no viven en casa. Enseñar a tus hijos a hablar en voz baja no siempre es fácil. Podría parecerte que nunca volverás a tener un hogar tranquilo y silencioso pero, en menos de lo que esperas, volverás a tener un hogar silencioso. Muy silencio.

Día 9

Admitir los errores, las ofensas y las faltas

"El que encubre sus pecados no prosperará; mas el que los confiesa y se aparta alcanzará misericordia".

PROVERBIOS 28:13

Sebastián era el orgullo de sus padres. Era un joven apuesto, tenía buenas calificaciones y jugaba al béisbol como nadie. En la escuela secundaria, los cazatalentos empezaron a fijarse en él. Sebastián pertenecía a una familia pudiente de mucho prestigio en la ciudad y había aceptado totalmente la idea de que un día se haría cargo de la empresa familiar. Era el hijo soñado de todo padre. Lamentablemente, una noche el sueño se convirtió en una pesadilla al conducir borracho y arrollar a una joven madre que había salido a correr mientras su esposo cuidaba de su hija recién nacida.

No dispuestos a admitir el grave error de su hijo, los padres de Sebastián argumentaron que la joven mujer no estaba vestida adecuadamente para correr en la oscuridad. Parecía no importarles que su hijo de diecisiete años había bebido ilegalmente, había conducido borracho y se había precipitado en la curva atropellando a la víctima ¡que tenía puesta una camiseta de color naranja brillante!

Hasta el entrenador de béisbol de Sebastián salió en su defensa. Al parecer, comentó con alguien que se estaba dando demasiada importancia a todo ese asunto y que los muchachos son muchachos. ¡Que lo diga a la madre con dos piernas quebradas y una hemorragia interna!

Toda la vida habían educado a Sebastián a creer que la culpa de su comportamiento la tenía otra persona u otra circunstancia. Felizmente, todo eso cambió con el accidente. Se impartió justicia, y Sebastián recordaría para siempre que estaba en falta y que debía hacerse responsable de sus errores.

Reconocer nuestros errores es una de las cosas más difíciles. También es una de las cosas más difíciles de enseñar a nuestros hijos. Es muy similar a enseñarles a decir la verdad. Los seres humanos tenemos el instinto de protegernos y colocarnos un escudo de irreprochabilidad. "Yo no fui". "Yo no arruiné eso". Nos resulta muy difícil admitir nuestras faltas. Pero ¿por qué?

El temor al rechazo es una de las razones principales por las que los niños niegan la responsabilidad de sus errores. Tienen mucho miedo de que tú… el entrenador… la maestra los rechace. La sociedad pone demasiado énfasis en ser los mejores, lucir mejor que nadie y aventajar a otros. El temor al rechazo por haber cometido un error proviene también del hecho de que tus hijos lo ven en acción todo el tiempo. Los niños del equipo de futbol dejan de hablar con el jugador que no acierta un gol. Las niñas que cometen el error de aparecer en la escuela con la prenda de vestir "desacertada" reciben el desaire de las demás. Los niños que no se manifiestan a favor del padre "correcto" en el divorcio, de repente, dejan de ver a mamá o a papá de manera frecuente.

La baja autoestima es otra razón por la que los niños se niegan a admitir sus errores. Está vinculado al temor al rechazo, pero también abarca el temor a fracasar. Los niños con una baja autoestima ven los errores como fracasos personales en vez de verlos por lo que son: lecciones de vida.

La falta de un ejemplo a seguir. Muchos niños no pueden o no quieren admitir sus errores, porque sus padres no admiten los suyos. Los niños que pertenecen a este tipo de hogar viven bajo la falsa suposición de que su familia es intachable y que la culpa siempre es de los demás.

Los padres les hacen un grave daño a sus hijos cuando no les permiten equivocarse. Enseña a tus hijos que no está mal equivocarse. Enséñales que cometer errores no los hace peores personas, sino más sabios, más fuertes y más preparados.

Después de experimentar 678 veces, Thomas Edison aún no sabía cómo hacer una bombilla eléctrica, pero conocía 678 maneras de no hacerlo. Por lo tanto, enséñales a tus hijos que:

Los errores son parte de la vida. Nadie hace casi nada bien la primera vez. ¿Y qué?

Los errores no harán que los ames menos. Los niños buscan complacerte y hacer que te sientas orgulloso de ellos. Necesitan tu aceptación. Por eso tienes que hacerles saber por medio de tus palabras, tus acciones y tu actitud que tu amor por ellos es incondicional; que sus errores o la falta de estos no influyen en cuánto los amas.

Los errores forjan el carácter. Cuando cometemos errores, nos colocamos en una posición de humillación. La humildad generalmente nos ayuda a tener compasión, lo cual, a su vez, nos ayuda a extender una mano a otros.

Los errores no te definen. Debes enseñar a tus hijos que podemos y deberíamos aprender de nuestros errores en vez de dejar que nos aten. Recálcales que solo porque fallaron en un examen de matemáticas no significa que sean un fracaso en matemáticas. Debes enseñarles que solo porque no siguieron las instrucciones y cometieron errores que les costó su participación en la feria de ciencia, no significa que sean incompetentes. En cambio, ten compasión y motívalos, pero a la vez hazlos responsables para que no terminen como Sebastián, el joven conductor ebrio. De esta manera, tus hijos aprenderán que sus errores no tienen por qué definirlos, más bien deberían ayudarlos a determinar su dirección.

Muchas personas y corporaciones famosas cometieron (y siguen cometiendo) errores. El gran error de Coca Cola al tratar de cambiar el sabor de su famosa bebida no los llevó a la ruina. Sencillamente, volvieron a lo que les había dado resultado antes. El modelo Edsel de Henry Ford fue un desastre, pero ese error no le impidió seguir fabricando automóviles, incluso el icónico Mustang.

Los errores son inevitables, pero no insuperables. Incúlcales esta verdad a tus hijos.

Día 10

Comunicarse con las personas diferentes

"... porque todos ustedes son uno en Cristo Jesús".

Gálatas 3:28 (ntv)

Ariana es diferente. Es obvio que tiene problemas de aprendizaje. Además usa ropa andrajosa y demasiado grande para ella. Tiene cabello largo y desaliñado, dientes torcidos y cecea al hablar. Pero también es una de las que mejor salta a la cuerda en la escuela.

Alan está en una silla de ruedas. No puede mover sus brazos ni sus piernas. A veces los niños pueden ver su orina en una bolsa cuando usa pantalones cortos. Alan es divertido y canta muy bien.

Jenaro es el único niño negro de toda la escuela primaria en un barrio predominantemente de gente blanca. Es muy tímido pero muy inteligente; siempre está en el cuadro de honor. Casi siempre come solo en el comedor de la escuela, porque los otros niños no saben bien qué decirle.

Inevitablemente, tus hijos descubrirán que algunos niños de tu vecindario o de la escuela son diferentes a ellos. No saber cómo enfrentar esas diferencias podría provocar que se burlen de ellos o los eviten. Los niños hacen eso porque les provoca ansiedad estar en una situación con la cual están poco familiarizados. Sin embargo, así como enseñas a tus hijos a saludar e interactuar con otros niños y adultos, también es importante que les enseñes a comunicarse eficazmente con personas diferentes por medio de la *exposición* y la *empatía*.

Exposición

Con la esperanza de mostrar una manera en que los niños sin discapacidades superen la incomodidad o ansiedad de interactuar con niños discapacitados, Megan MacMillan, estudiante de doctorado, realizó una investigación con más de mil quinientos niños entre los siete y los dieciséis años de edad en la Escuela de Medicina de la Universidad de Exeter en el Reino Unido. El estudio concluyó que "una mayor exposición a las personas con alguna discapacidad ayuda a desarrollar una mejor predisposición no solo hacia la discapacidad específica, sino también hacia la diversidad en general más adelante en la vida".[6]

Algunos padres sugieren las siguientes maneras de exponer a tus hijos a otros niños y adultos diferentes:

- Asiste a festivales étnicos.
- Haz trabajo voluntario en hospitales y hogares para discapacitados.

---

6. Chris Weller, "Children's Attitudes Toward the Disabled Improve with Contact; Can Be Direct Interaction or Observed," 29 de agosto, 2013, www.medicaldaily.com/childrens-attitudes-toward-disabled-improve-contact-can-be-direct-interaction-or-observed-254973.

- Registra a tus hijos en organizaciones que no tienen limitaciones sociales y económicas (como por ejemplo las niñas o niños exploradores o el Club 4-H).
- Actúa como un embajador en tu vecindario. Dales la bienvenida a las familias nuevas y ofrécete para mostrarles el barrio. Invítalos a tu hogar a comer. Organiza una reunión de bienvenida entre los hijos de ellos con los tuyos y sus amigos.
- Anima a tus hijos a hacerse amigos de los niños diferentes.

Empatía

La investigación de MacMillan concluyó que "solo con observar a otros interactuar con niños discapacitados o ser consciente de que otros son amigos de ellos puede mejorar la actitud de los niños. Ese 'contacto indirecto' disminuye la ansiedad y aumenta la empatía hacia otras personas discapacitadas".[7]

Estos son algunos conceptos fundamentales que deberías inculcar en tus hijos para ayudarles a empatizar con las personas diferentes.

Todos somos diferentes de alguna manera, incluso tus hijos. Conversa con tus hijos de cómo les gustaría que los trataran si tuvieran alguna discapacidad física o si de alguna manera fueran diferentes de la mayoría de sus compañeros de clase o de juegos. Pregúntales qué les gustaría y qué no les gustaría que les digan o hablen

7. Ibíd.

de ellos. La mayoría de los niños empatizan fácilmente. Este es un buen momento para exhortarlos y decirles que no tolerarás que le pongan sobrenombres o que hagan burla de una persona diferente.

La diferencia de una persona es solo un aspecto de su vida. Por lo tanto, tus hijos no deberían ver a una persona discapacitada solo a través de un lente ("el niño ciego", "la niña lisiada"). Reitérales que el niño discapacitado quiere lo mismo que ellos: ser aceptado e incluido.

Mefi-boset quedó lisiado a los cinco años de edad cuando se le cayó a su nodriza. Ella estaba huyendo del palacio al escuchar que el rey Saúl (abuelo de Mefi-boset) y Jonatán (su padre) habían muerto en batalla (2 S. 4:4). Años más tarde, cuando el rey David asumió el trono, cumplió el juramento que le había hecho a su amigo Jonatán e insistió en que Mefi-boset comiera con él. "Y moraba Mefi-boset en Jerusalén, porque comía siempre a la mesa del rey; y estaba lisiado de ambos pies" (2 S. 9:13). Imagínate qué validación debe haber sido para él sentarse a la mesa del rey cada día como si fuera uno de los hijos de David. Creo que este es el modelo para tratar a las personas diferentes: con total aceptación.

Recalca a tus hijos que las personas con discapacidades físicas están afectadas solo en el área de su discapacidad. Que no piensen que son discapacitadas mentalmente también. Enseña a tus hijos a no hablarles con un tono demasiado compasivo o condescendiente ni decirles: "Siento mucha pena por ti".

De igual manera, tampoco les impidas que sean directos y le hagan preguntas sobre su discapacidad cuando están solos con la persona discapacitada (jamás en grupo). *Por ejemplo*: "¿Qué te pasó, por qué estás en una silla de ruedas?". No tiene nada de malo abordar la discapacidad con una actitud de preocupación y el deseo de entender. La mayoría de las veces es una pregunta que se cae de madura de todos modos. Muchas veces, los adultos son quienes se sienten incómodos y evaden a las personas discapacitadas en una situación social, porque nadie les enseñó esta lección.

Enseña a tus hijos que todos tenemos en común el hecho de que somos preciosos para Dios. Esta es la verdad más importante que debes enseñar a tus hijos.

Día 11

Defender lo que creen

"Aprendan a hacer el bien. Busquen la justicia y ayuden a los oprimidos".
ISAÍAS 1:17 (NTV)

Uno de los mayores indicadores de la calidad de las relaciones presentes y futuras de tus hijos es cuán bien aprenden a expresar qué piensan de las actividades y el comportamiento dentro de su círculo de interacción. Lisa M. Schab, trabajadora social licenciada y autora de *Cool, Calm, and Confident: A Workbook to Help Kids Learn Assertiveness Skills* [Manual para ayudar a los niños a ser seguros de sí mismos], afirma que la asertividad es el "estilo de comunicación más saludable. La asertividad implica reconocer y defender nuestros propios derechos, al tiempo que reconocemos y respetamos los derechos de los demás".[8]

En mi opinión, hay tres áreas críticas donde los niños deben aprender a expresar lo que creen.

La creencia religiosa personal. En el capítulo 2 vimos a Daniel y al grupo de jóvenes israelitas que estaban cautivos en Babilonia. Antes de servir en el palacio del

8. Lisa M. Schab, citado por Margarita Tartakovsky en "Raising Assertive Kids," www.psychcentral.com/lib/raising-assertive-kids/00011193.

rey Nabucodonosor, tenían que someterse a un período de alimentación y entrenamiento. Debido a su firme convicción de no comer alimentos prohibidos para los judíos, Daniel expresó su opinión y pidió que le permitieran a él y a sus tres amigos seguir una dieta vegetariana. Como consecuencia, terminaron mejor nutridos que todos los que habían seguido la dieta del rey. Daniel defendió su creencia.

Hemos escuchado que se dice "si no defiendes algo, te dejarás convencer por cualquier cosa". Todos los niños necesitan tener convicciones firmes para mantenerse bien parados y no dejarse arrastrar por la corriente popular. Los padres les hacen un gran daño a sus hijos cuando no les dan un fundamento de fe, valores morales y principios básicos en los primeros años de su vida. Muchos luchan durante toda la edad adulta, porque no tienen el fundamento seguro de una firme convicción. ¿Quién pensó que era una buena idea esperar que los hijos crezcan para que decidan por sí mismos?

Los padres sabios enseñan a sus hijos a defender lo que creen y a expresarlo de manera eficaz. Desde luego, enseñar a tus hijos a *defender* lo que es justo empieza con dar el ejemplo de lo que es justo en tu propia vida. Si no das el ejemplo de un fuerte compromiso con lo que dices creer, ¿cómo tendrán tus hijos la confianza y el valor de hablar en vez de callarse por temor a hacer el ridículo? Decir "yo creo en esto", sin ser odioso ni prepotente, se aprende de ver primero un buen ejemplo en el hogar.

Los agravios, las amenazas o las injusticias hacia ellos mismos o hacia otros. Inculca en tus hijos lo que deben decir cuando se sienten intimidados por las amenazas de un adulto o de otros niños. Tan pronto como aprendan a hablar, explícales qué tipo de contacto físico es inadecuado. Explícales que los pueden "tocar de buena manera" o los pueden "tocar de mala manera". Muéstrales cómo es cada caso. Por ejemplo, un abrazo breve o un apretón de manos es una buena manera; cualquier tipo de contacto con sus partes íntimas es una mala manera. Amonesta a tus hijos a que te cuenten de inmediato cuando los tocan de mala manera. "Mami, mi [maestro/tío/*cualquiera*] me tocó de mala manera hoy".

Enseña a tus hijos a informar tranquilamente a una persona en autoridad cada vez que ven a alguien que está intimidando, ridiculizando o tratando injustamente a otro niño o cualquier otra actividad que sea una amenaza para el bien de todos. Actualmente, el Departamento de Seguridad Nacional de los Estados Unidos está realizando una campaña pública de concientización. Su lema es "Si ves algo, cuéntalo", y se exhorta a la gente a informar cualquier actividad donde se sospeche de terrorismo. Esta sería una buena campaña a adoptar para tus hijos ya que se refiere a cualquier actividad donde un grupo de personas podría correr peligro, como el caso de un niño con un arma o alguien que juega con fuego.

Los niños también necesitan saber que hay una manera correcta e incorrecta de defender lo que es justo. Es fundamental que les enseñes a ser respetuosos de las creencias de los demás y de su derecho de creerlo. Nunca se justifican los agravios, los golpes o cualquier otra mala conducta para defender las propias creencias.

Otras ocasiones para expresar lo que piensan. Además de las circunstancias antes mencionadas, los niños deberían hablar sin temor cuando:

- tienen la solución a un problema,
- tienen una idea u opinión que expresar,
- quieren reconocer a alguien por haber hecho lo bueno.

Finalmente, hay otras ocasiones cuando es mejor que los niños no expresen lo que piensan. Esto no quiere decir que los estás animando a acobardarse o a comprometer sus valores. En cambio, les estás enseñando sabiduría. De modo que todo padre sabio enseña a sus hijos que es mejor quedarse callado si hablar...

- puede poner en peligro su vida o su bienestar,
- puede exponer a otra persona al peligro,
- puede empeorar la situación.

Enseñar a tus hijos a ser asertivos y a defender lo que creen aumenta su autoestima. A la vez, una buena autoestima es una de las mayores garantías que evitará que un niño intimide a otros o sea intimidado. Te aconsejo de nuevo que practiques con tus hijos cómo responder a varias situaciones donde expresar lo que creen es la mejor solución. La pregunta decisiva siempre debería ser: "¿Si hablo, ayudo o empeoro la situación?".

Al seguir las recomendaciones mencionadas arriba, ayudarás a tus hijos a convertirse en adultos firmes, asertivos, expresivos, instruidos y respetados.

Día 12

Guardar un secreto

"Tiempo de callar, y tiempo de hablar".

ECLESIASTÉS 3:7

Mi sobrina de cuatro años quiso observarme mientras me maquillaba, me arreglaba el cabello y me vestía para ir a una ceremonia familiar. Para ahorrar tiempo, decidí ponerme una peluca. Le dije: "Sandra, nadie sabe que esto es una peluca, así que no digas nada cuando lleguemos a la fiesta". Ella prometió guardar mi secreto. Apenas llegamos al lugar, corrió hacia su madre y dijo intempestivamente (no en voz baja): "¡La tía Deborah se puso una peluca!".

Los niños tienen la mala fama de hablar más de lo debido. Estos son algunos ejemplos más:

- "Nos estamos quedando en la casa de la tía Margarita, porque somos pobres y mi mamá no tiene trabajo ahora", dijo Samuel de cinco años.
- "Mi papá dice que tu papá es un friki. ¿Qué es un friki?", preguntó Juan de siete años.
- "Mi mamá dice que te están pagando para enseñar matemáticas, así que deberías ayudarme", señaló Patricia de ocho años.

La mayoría de las indiscreciones verbales son inocentes. Algunas son el resultado de padres que no cuidan lo que hablan delante de los niños. Pero ¿cómo enseñar a los niños a entender la diferencia entre qué mantener en privado y qué no? ¿A qué edad se les debería enseñar esto?

Bueno, los niños muy pequeños en edad preescolar no pueden guardar un secreto. Ni siquiera saben qué es un secreto. Son ingenuos y no hay medias tintas, de modo que dicen lo que ven.

Los niños en edad escolar aprenden gradualmente lo que se puede y no se puede contar, siempre y cuando te hayas tomado el tiempo de enseñarles la diferencia entre "sincero" y "descomedido", "inofensivo" y "confidencial", y "sutil" y "ostentoso".

(*Una advertencia*: Es importante enseñar a tus hijos que si alguien les pide que guarden un secreto de ti, deberían decírtelo inmediatamente, aunque esa persona amenace con matar a sus padres o sus hermanos. Explícales que esa persona los está engañando. Lamentablemente, algunos padres son culpables de usar la táctica del secreto para ocultar el abuso sexual y físico en el hogar).

Esperar que mantengan la boca cerrada podría ser demasiado para un niño, y esperar demasiado de tus hijos nunca es una buena idea. Veamos cómo puedes ayudar a tus hijos a saber qué deberían y qué no deberían *contar*, así como qué deberías y qué no deberías *decirles*.

- Cuando no quieres que hablen de cierto asunto, precede lo que vayas a decirles con algo así: "Lo que voy a decirles es algo que no conviene que sepa alguien que no es de la familia". O por ejemplo: "Les voy a pedir que no les cuenten esto a nadie. Es un asunto familiar".

- Diles a tus hijos en edad escolar si la familia se va a trasladar a otra ciudad. Es importante que los prepares para ese hecho importante de la vida. Pídeles que lo mantengan en secreto hasta que creas que los demás lo pueden saber.
- Si decides contarles a tus hijos que Papá Noel, el ratón Pérez y el conejito de la Pascua son solo "amigos" imaginarios, diles que no les cuenten a los demás la opinión de la familia sobre esos asuntos. No tienes el derecho de arruinar la fantasía de otros niños.
- No hables con tus hijos de los problemas financieros del hogar. Ellos no deben preocuparse —y lo harán—, aunque no entiendan por completo lo que está sucediendo. Además, podrían contar algo que tú no quieres que se haga público.
- Podría ser necesario que les expliques las discusiones y los problemas familiares como la mala conducta de uno de los hermanos, pero no debería salir de las paredes de la casa.
- No permitas que tus hijos hablen sobre los detalles de un divorcio o los acuerdos sobre la custodia con abuelos, familiares o extraños curiosos. Tus hijos necesitan saber lo va a ocurrir en sus vidas, pero

no así los familiares entrometidos y el público en general.

- Diles a tus hijos que *siempre* deberían contarte si alguien les dice algo que puede conducir a una actividad ilegal o peligrosa, o producir consecuencias.
- Diles a tus hijos que siempre es mejor que te informen a ti o a alguien de confianza cuando ven una actividad peligrosa o ilegal.
- Diles a tus hijos que mantener en secreto una fiesta o regalo sorpresa para un miembro de la familia o para un amigo es un secreto bueno que deberían guardar.
- Exhorta a tus hijos a que te comenten si alguien les hizo un regalo y les dijo que no lo cuenten.

Cuando les enseñes a tus hijos los pormenores de cuándo defender lo que creen y cuándo mantenerse callado, también debes explicarles por qué algunas cosas se pueden contar y otras no. Anímalos a evaluar la situación y preguntarse:

- ¿Me pidieron mis padres que mantenga la información en privado?
- ¿Ayudará esta información a salvar a alguien o prevenir un daño?
- ¿Estoy ayudando a alguien ilegalmente si me mantengo callado?

- ¿Quién está preguntando… y por qué? ¿Puede esa persona ayudar? ¿Es de confianza?
- ¿Es algo que va en contra de nuestros valores familiares?
- ¿Lastimará o avergonzará a alguien contar algo?
- ¿Si cuento algo meterá en problemas a alguien, pero lo librará del peligro?
- ¿Qué beneficios obtengo si cuento algo?

Al enseñar a tus hijos a evaluar qué información dar y qué no, desarrollarás confianza con tus hijos y les transmitirás valiosas habilidades sociales y de sobrevivencia, y te ahorrará muchos momentos de vergüenza.

Día 13

Hacer y aceptar elogios

"Por eso, anímense unos a otros y edifíquense unos a otros, tal como lo vienen haciendo".

1 Tesalonicenses 5:11 (nvi)

"¡Tía Deborah, mírame!", gritaba la pequeña Tamara mientras se mecía más alto que nunca en el columpio del parque. "¡No, mírame a *mí*!", gritaba su pequeño hermano mientras hacía una voltereta complicada sobre el césped. Me había ofrecido a cuidar a los dinámicos hijos de nuestro pastor de jóvenes durante toda la tarde, ¡y menos mal que había un parque cerca! Sabía por la cantidad de veces que había jugado con niños, que no me estaban gritando solo para que los mirara, sino para que los felicitara por su esfuerzo. Y no los decepcioné.

Elogiar

Los elogios son palabras que alientan y motivan. Hacen que las personas se sientan bien consigo mismas. Aprender a hacer y recibir elogios es un aspecto importante del desarrollo del carácter y buen trato con la gente. A la hora de enseñar a los niños por qué y cuándo elogiar a otros, es fácil transmitirles la idea de hacer sentir bien a alguien. Por eso, parte de tu instrucción debería incluir una reflexión parecida a la siguiente: "¿Te sientes bien cuando alguien nota tus zapatos nuevos o qué bien andas en bicicleta, verdad? De la misma manera, es amable de tu parte que tú también hagas sentir bien a otras personas y les digas qué buen trabajo hicieron o qué bien se ven".

Enseñar a tus hijos a ser generosos con sus cumplidos y a hacer elogios sinceros les ayudará a desarrollar aprecio por las habilidades y los talentos de otros. En los primeros años de su vida pueden aprender a felicitar a otros por sus logros en vez de ser egocéntricos, envidiosos o competitivos. Pueden rechazar el pensamiento errado de que un cumplido para otra persona —especialmente para un hermano o hermana— es atacarlos a ellos.

¡Cuántas contiendas familiares se podrían evitar si los padres animaran a sus hijos a encontrar algo que elogiar o admirar de sus hermanos! Imagínate un juego donde el ganador sea el niño que haga la mayor cantidad de elogios sinceros a su hermano o hermana. Aun fuera del hogar, puedes enseñar a tus hijos a buscar cosas para admirar de sus compañeros de clase, amigos y maestros... y a expresárselos.

No esperes que tus hijos siempre tengan ganas de elogiar a otros. Todavía están creciendo y madurando emocionalmente. De modo que cuando la mejor amiga de tu hija de doce años aparece con la misma chaqueta que ella esperaba ansiosamente que le compraras, es natural que no quiera elogiarla por lo bien que le queda. Sin embargo, si le enseñas a superar esos sentimientos, aprenderá una gran lección de humildad y una manera excelente de detener la envidia antes que se apodere de ella.

Una advertencia: enseña a tus hijos que sus elogios deben ser sinceros y sin ninguna intención de manipular o ganar más amigos. Los amigos serán el resultado natural, porque a todos les gusta estar con personas que los hagan sentir bien. Sin embargo, cuando los elogios se reducen a motivos egoístas, la integridad de tus hijos será cuestionable.

Desde luego que la capacidad de un niño de hacer elogios se desarrolla sobre la base de una autoestima saludable. Cuando tus hijos saben que tienen tu amor incondicional y que estás orgulloso de ellos "sin motivo alguno", no se sienten amenazados por los logros y el reconocimiento que otros reciben. Sentirse seguro deja más lugar para reconocer lo bueno en otros y ser feliz por su buena suerte. Elogios como los siguientes deberían expresarse fácilmente en el hogar:

"Te ves muy bien".

"¡Increíble! ¡Qué prolija hiciste tu cama!".

"Fue sorprendente cómo agarraste esa pelota en el aire".

"Me gusta tu (sea lo que sea)".

"Qué buen gesto tuviste al compartir tus juguetes".

Observa que cada elogio es suficiente específico para que el niño sepa exactamente qué comportamiento estás elogiando y apreciando. Sin embargo, la mayoría de los expertos concuerda que es más beneficioso felicitar los *esfuerzos* de los niños que su *resultado*. Las felicitaciones extremas y generales como "Eres el niño más inteligente del mundo" son perjudiciales. De hecho, seis estudios revelaron que los elogios por la inteligencia de un niño tuvieron un efecto más negativo en la motivación que elogiar su esfuerzo. Se descubrió que los niños de quinto grado elogiados por su inteligencia se preocupaban más por el desempeño que por aprender. Después de un fracaso, estos niños también demostraron disfrutar menos su trabajo que los niños elogiados por su esfuerzo.[9]

Una amiga cuenta la historia de cómo su suegra siempre le había dicho a su esposo que "valía cien millones de dólares en oro". Imagínate comenzar una relación con alguien que tiene un ego tan engrosado. Dichosamente, ambos trabajaron en los problemas que había causado ese elogio extravagante.

Debes tener cuidado de no transmitir a tus hijos un falso sentido del logro. Felicitar a tu hija por su progreso en la flauta cuando es evidente que *no* le va bien, no le hace ningún favor. La está exponiendo al rechazo y la desilusión cuando se enfrente con la cruda realidad de su mediocridad, en el mejor de los casos. Es más sabio decir: "Realmente admiro tu determinación de tocar la flauta. Sigue practicando. El trabajo duro tiene su recompensa". Considera que quizás sea tiempo de pedir sabiduría divina sobre cómo redirigir sus esfuerzos. Fomentar un falso sentido de seguridad en tus hijos es un riesgo demasiado grande para su desarrollo y sus futuras relaciones.

Aunque tus hijos sean excelentes, debes procurar elogiarlos manteniendo sus logros en perspectiva para que no se conviertan en adictos al desempeño, que viven de

---

9. C.M. Mueller y C.S. Dweck, "Praise for Intelligence Can Undermine Children's Motivation and Performance," PubMed.gov, www.ncbi.nlm.nih.gov/pubmed/9686450.

los elogios y el reconocimiento. Más adelante en la vida, a menudo estos niños se convierten en malos perdedores y en adictos al trabajo, infelices e insatisfechos.

Aceptar los elogios

Cuando el apóstol Pablo amonestó a los cristianos de Tesalónica con estas palabras: "anímense unos a otros y edifíquense unos a otros, tal como lo vienen haciendo" (1 Ts. 5:11, NVI), les estaba diciendo de manera clara que los elogios y cumplidos debían fluir de ambos lados. Por lo tanto, tus hijos necesitan aprender a *recibir* los elogios y las felicitaciones. Enséñales que está bien aceptar un elogio con un simple "Gracias" o "Yo disfruto tocar (cierto instrumento) o jugar (cierto deporte)" o "¡Qué bueno saber que alguien lo notó!". La típica respuesta "Oh, no es nada" es una falsa modestia y, además, desmiente el juicio de la persona que hace el elogio.

Dios nos hizo únicos y especiales de distintas maneras, y está muy bien que lo sepamos. Solo procura recordar a tus hijos que separados de Dios no pueden hacer absolutamente nada. Jesús dijo: "Yo soy la vid y ustedes son las ramas. El que permanece en mí, como yo en él, dará mucho fruto; separados de mí no pueden ustedes hacer nada" (Jn. 15:5, NVI). Por consiguiente, deben dar todo el mérito y el honor de sus logros a Dios… en sus corazones. No es necesario que cuando los elogien, respondan: "Oh, no, yo no lo hice; lo hizo el Señor". Solo necesitan *recordarlo*.

Día 14

Mantener los asuntos familiares en privado

"¡Lo que sucede en casa queda en casa!".

TODOS LOS PADRES

Art Linkletter fue famoso por entrevistar a niños en su programa de TV de larga trayectoria, *Art Linkletter's House Party*, que incluía un segmento llamado "Kids Say the Darndest Things" [Los niños dicen las cosas más inesperadas]. Linkletter entrevistaba a niños y las respuestas habitualmente eran graciosas, impredecibles y cómicas. Una vez le preguntó a un estudiante de escuela primaria de qué trabajaba su papá. El niño le contestó con toda naturalidad:

—¡Mi papá es policía. Atrapa ladrones y bandidos. Primero les hace levantar las manos, después les pone las esposas, los lleva a la comisaría y los encierra en el calabozo.

—¡Vaya, vaya! —respondió Art—. Seguro que tu mamá está preocupada por su trabajo, ¿verdad?

—¡Qué va a estar preocupada! —le aseguró el

niño—. Él le trae un montón de relojes, anillos y joyas.[10]

Los niños no tienen reparos en sacar al sol los trapitos sucios de la familia.

Para minimizar los momentos embarazosos, los padres deben tener cuidado de las cosas que hablan delante de sus hijos. No pienses que puedes hablar con tu mejor amigo o amiga de tu "odiosa" suegra o del vecino "antipático", mientras tus encantadoras "esponjitas" están allí escuchando todo. Ante la más leve "presión" u oportunidad, es probable que suelten cualquier información que hayan absorbido.

Se ha hecho popular hoy día el acrónimo TMI, que significa "demasiada información" (por sus siglas en inglés). Cuando alguien empieza a revelar indiscretamente asuntos que deberían mantenerse en privado, el oyente exclama, trivialmente: "¡TMI!". Bueno, padres, deben ser más conscientes de cuáles son los límites de demasiada información delante de sus hijos. Es muy importante que empiecen a enseñarles la importancia de la privacidad a una edad temprana y que les expliquen que lo que sucede en casa queda en casa.

Echemos un vistazo a lo que dijeron padres sabios con respecto a los temas familiares adecuados para hablar con los hijos en las diversas etapas de su desarrollo.

10. Charles R. Swindoll, *Swindoll's Ultimate Book of Illustrations and Quotes* (Nashville, TN: Thomas Nelson Publishers, 1998), 76. Publicado en español por Grupo Nelson con el título *Más de 1001 ilustraciones y citas de Swindoll.*

Niños en edad preescolar hasta los seis años

No les cuentes a niños en edad preescolar *nada* que no quieras que se sepa. Es demasiado confuso para ellos. Por un lado, les dices que no te escondan los secretos malos, y, por el otro lado, les dices que guarden los secretos de la familia. La regla sobre estos asuntos es bastante simple: no les digas nada que no quieras que se sepa. Los niños son inocentes y no tienen inseguridades ni les preocupa proteger su imagen… o la tuya. Me asombra cómo pueden hablar fácilmente con desconocidos sobre los asuntos más delicados de la familia. (Francamente, pienso que si a veces los padres fueran un poco más transparentes con los demás sobre ciertos asuntos, encontrarían esperanza y ayuda de las personas menos pensadas).

Según una encuesta informal que hice entre los padres, las cosas que *SÍ* deberían hablar con los hijos en edad preescolar hasta los seis años incluyen:

- que ella o él es adoptado (es probable que otras personas lo sepan, de modo que seguramente querrás decírselo antes que alguien más lo haga);
- la llegada de otro bebé;
- que la familia se va a mudar a otra casa (a esa edad, esto es un hecho traumático, así que sé delicado, positivo y alentador, no importa cómo te sientas con respecto a esa situación);
- la noticia de la muerte de un miembro de la familia;

- la noticia de una separación matrimonial, divorcio o la inminencia de un despliegue militar.

Las cosas que *NO* se les debería decir o hablar delante de los hijos, que corresponden a este rango de edad, incluyen:

- las dificultades financieras del hogar (María, de seis años, le dijo, inocentemente, a su maestra que su familia ya no iba a pagar la comida con dinero, porque su papá había perdido su empleo, y ahora le pagaban con "pedazos de papel" [cupones para alimentos];
- los problemas de miembros de la familia extendida;
- los chismes o las noticias de amigos, vecinos u otros parientes;
- los desacuerdos matrimoniales.

Niños de siete a doce años

Las pautas anteriores también aplican a los niños de este grupo, aunque estos pueden entender algunos detalles más. Por ejemplo, aunque podrías decirles que la familia se está mudando a otra casa o que habrá un ajuste en el estilo de vida de la familia, no es necesario que sepan cuánta deuda tienes o que la suma que debes de la hipoteca de tu casa supera el valor de la propiedad.

Si tú y tu cónyuge están separados o se están divorciando, tu amargura por la aventura amorosa de tu ex cónyuge o porque se casó con alguien que te cae mal, no debería ser parte de la conversación. Solo estarás plantando semillas de enojo y confusión en tus hijos. Opta por la armonía y pídele a Dios que te de la gracia para seguir el camino más ético en los asuntos relacionales.

Si alguien cercano a ellos está gravemente enfermo o tiene una enfermedad terminal, puedes decirles que "la abuela ha tenido una vida plena" o que "la tía Sara está muy enferma". Responde sus preguntas con franqueza y sinceridad, pero no seas demasiado gráfico ni les des demasiados detalles. Además, ten cuidado de no minimizar la gravedad del asunto con frases como: "Todo va a estar bien". En cambio, anímalos a orar.

Los niños necesitan entender que la muerte es parte de la vida y que nadie va a vivir para siempre en esta tierra. Léeles pasajes de las Escrituras que hablan de la muerte y la vida más allá de la muerte, como por ejemplo Hebreos 9:27-28: "Y de la manera que está establecido para los hombres que mueran una sola vez, y después de esto el juicio, así también Cristo fue ofrecido una sola vez para llevar los pecados de muchos". Háblales de la belleza y el gozo que hay en el cielo, donde van los familiares que son salvos después que mueren. No hay necesidad de exagerar la impresionabilidad de la muerte; solo léeles Apocalipsis 21:10-16 y 22:1-5 para que tengan una descripción.

Ahora bien, requiere sabiduría decirles a tus pequeños que mantengan en privado los asuntos familiares. Ellos responden bien a la comparación visual. "Juancito, algunas cosas las hablamos *solo* en casa porque son privadas. No son para que las escuchen las personas que no viven aquí. Es como cuando tú cierras la puerta cuando vas al baño, porque lo que sucede allí es privado; no es para que lo sepa todo el mundo".

También puedes decirles algo así: "No estamos listos para dar esta noticia todavía, así que, por favor, no se lo cuentes a nadie hasta que te diga que puedes hablar". "En todas las familias hay noticias o historias que solo comentan entre ellos; esta es una de ellas".

Te recomiendo que no te pases y les enseñes a tus hijos a ser demasiado cerrados. Corres el riesgo de formar niños que sean tan reservados que raras veces revelen algo sobre ellos mismos, ni siquiera a sus amigos cercanos y, en el futuro, a su cónyuge. He visto demasiados adultos que tienen muchos problemas con la intimidad y la transparencia relacional. Pídele a Dios que te dé sabiduría para enseñarles a tus hijos a tener un equilibrio entre lo que es "demasiada información" y una discreción saludable.

Día 15

Hablar con Dios

"Así que, cualquiera que se humille como este niño, ése es el mayor en el reino de los cielos".

Mateo 18:4

La pequeña Elisa solía orar por los vasos que estaban sobre la mesa, los pájaros que veía a través de la ventana de la cocina (sus hermanos la acusaban de no cerrar los ojos), cada porción de alimentos que había en su plato, el hecho de que su hermano Santiago pudiera correr muy rápido (y que ella quería correr rápido también). Su sabia madre soltera nunca le hizo sentir que le estaba haciendo perder un tiempo valioso a Dios al orar por esas cosas. No hay duda de que Dios estaría sonriendo, porque su preciosa Elisa disfrutaba de hablar con Él de manera tan personal.

Los niños necesitan saber que la oración es justamente eso: una conversación con Dios muy parecida a la que mantienen con mamá o papá, excepto que no lo pueden ver. La oración es la forma de comunicación más significativa que tus hijos pueden aprender. Así es como tendrás éxito en la tarea de enseñarles a orar.

Empieza cuanto antes. Ora por tus hijos incluso antes de nacer. Ora por su cuna. Vivimos en tiempos preocupantes, y todo padre sabio plantará semillas de oración en la vida de sus hijos desde el principio de su existencia. Seguirá la misma instrucción que el profeta Jeremías dio a los israelitas después que los llevaron cautivos a Babilonia:

> *Levántate, da voces en la noche, al comenzar las vigilias; derrama como agua tu corazón ante la presencia del Señor; alza tus manos a él implorando la vida de tus pequeñitos, que desfallecen de hambre en las entradas de todas las calles (Lm. 2:19).*

Empieza a enseñarles a orar guiándolos en oración con el mismo estilo de comunicación simple que usan según la etapa de su desarrollo:

"Gracias, Señor, por los alimentos".

"Señor, bendice a mamá y papá".

"Señor, ayúdame a obtener una buena nota en el examen".

Prepara el terreno para que ellos crean en el poder de Dios y explícales que, aunque Él es invisible, está presente en todo momento y es mucho más poderoso que cualquiera de sus superhéroes, incluidos Superman, Batman, la Mujer Maravilla, los Transformers, los Power Rangers y cualquier otro que los cautive.

Ora con ellos constantemente. Ora con ellos cada mañana, a la hora de comer y antes de ir a dormir. Haz con ellos una oración de acción de gracias cuando pasen cosas buenas, y una oración de petición cuando surjan problemas. Ora al instante. Si viene a ti la pequeña Sabrina y te cuenta un problema, dile: "Sabrina, ¿por qué no oramos ahora mismo y le pedimos a Dios que resuelva esto?". Cuanto más lo vea ejemplificado, más probable será que desarrolle el hábito de "orar en tiempo real". Esto también puede ser una manera de evitar que tus hijos traten a Dios como el último recurso en vez de su primera opción. Según su edad, pídeles que hagan una breve oración por la situación antes que tú ores.

Enséñales a orar por la voluntad de Dios en sus vidas. Explícales que Dios tiene un plan para sus vidas y que a veces lo que ellos quieren no está incluido en el plan divino. Este es el momento de confiar en la sabiduría del Superhéroe real.

Enséñales a ejercer fe y confesar las promesas de Dios como su verdad personal. Puedes hacer esto con tan solo leerles pasajes de las Escrituras y ayudarles a "confesar en oración" ese pasaje de una manera personal. Por ejemplo, el Salmo 91 declara:

> *Si haces al Señor tu refugio y al Altísimo tu resguardo, ningún mal te conquistará; ninguna plaga se acercará a tu hogar. Pues él ordenará a sus ángeles que te protejan por donde vayas (Sal. 91:9-11, NTV).*

Puedes entrenar a tus hijos a "confesar en oración" un pasaje como una declaración de fe: "Señor, te doy gracias porque tú eres mi refugio y tú has ordenado a tus ángeles que me protejan por donde vaya". Este tipo de oración puede ser una herramienta poderosa que traerá paz a tus hijos durante toda su vida.

Una vez que tus hijos están encaminados en la "senda de la oración", exprésales tu alegría de saber que están orando. Diles que crees que Dios honrará sus oraciones. Los niños creen fácilmente, porque no han aprendido el mal hábito de la preocupación, del análisis práctico de una situación preocupante y otras trabas para la fe.

Cuando instruyas a tus hijos a orar, enséñales a:

Ser sinceros. Explícales que, de todos modos, Dios sabe todas las cosas, así que es inútil tratar de esconder cualquier comportamiento negativo. Aconséjales que siempre pidan perdón inmediatamente por sus malas acciones. Diles que Dios nos perdona tan pronto como nos arrepentimos; Él no necesita un momento para tranquilizarse antes de permitirnos volver a estar en su presencia.

Estar expectantes. Explícales que es imposible agradar a Dios si ellos no creen que Él puede responder sus oraciones (He. 11:6). Solo cuando los niños crecen y se convierten en adultos, empiezan con este problema. Wayne Holmes, recopilador de *Whispering in God's Ear: True Stories Inspiring Childlike Faith* [Susurrar a los oídos de Dios: Historias reales que inspiran a tener la fe de un niño], cree que la fe ciega de los niños tiene relación directa con la manera en que Dios ve sus peticiones: "Los niños parecen tener una conexión directa con el cielo. Sus oraciones más fervientes demuestran que confían en un Padre celestial, cuyas tiernas manos se extienden a lo largo y a lo ancho de todo su mundo... Su fe incuestionable revela la clase de confianza simple que muchos adultos anhelan recuperar en su propia relación con Dios".[11]

Humillarse. Enseña a tus hijos que pueden entrar a la

11. "Do the Prayers of Children Have Greater Impact?", www.cbn.com /entertainment/Books/WhisperingGodsEar.aspx.

presencia de Dios porque Jesús derramó su sangre para que todos tuviéramos acceso directo a Él. No deberían pensar que, porque han sido buenos, han ganado puntos positivos y se merecen el favor de Dios.

Ser agradecidos. Orar no solo es pedir; los niños necesitan aprender a ser agradecidos por lo que Dios ya hizo por ellos, aun por las pequeñas cosas. Cuando ores con tus hijos, pídeles que mencionen al menos una cosa específica por la que están agradecidos.

Ser fieles y confiar. Explícales que Dios responde cada oración con un "sí", un "no" o "espera". No siempre les dará la respuesta que esperan... pero responde y debemos confiar en que Él sabe qué es lo mejor.

Padres, el regalo más valioso que les pueden hacer a sus hijos es enseñarles que pueden tener una relación personal con Dios a través de la sangre de Jesucristo y que pueden acercarse a su trono con libertad cada vez que lo necesitan.

Parte 2

Cómo triunfar sobre la comunicación negativa

Día 16

La mentira

"Los labios mentirosos son abominación a Jehová; pero los que hacen verdad son su contentamiento".

Proverbios 12:22

Juan, de seis años, y Samuel, de cuatro años, estaban jugando en su cuarto mientras su mamá cosía en la habitación del frente, cuando Samuel dio un grito de obvio dolor.

Samuel: —¡Mami, Juan me golpeó!

Mamá: —Juan, ¿tú golpeaste a tu hermano?

Juan: —No...

La respuesta de Juan no era parte de un oscuro plan de engaño bien pensado. El niño solo hizo una rápida estimación de las posibles consecuencias de su acción y recurrió a la estrategia de "evasión del castigo".

Probablemente, una de las cosas más difíciles de enseñarle a un niño es a no mentir. ¡Y cómo no va a ser así, si también es difícil para los adultos! Piensa en cuántas veces dijiste una pequeña mentira blanca, endulzaste tus palabras, exageraste una realidad o dijiste una media verdad. Mentir parece ser un acto reflejo, parte de nuestra naturaleza caída.

La razón principal por la que los niños mienten es para evitar las consecuencias negativas de su comportamiento:

una penitencia, unos azotes o la pérdida de ciertos privilegios. Tu reto como padre es enseñarles a tus hijos, a temprana edad, que hay mejores maneras de resolver un problema sin necesidad de mentir.

Espero que estés formando a tus hijos en el conocimiento y el amor a Dios. De modo que el primer paso para tratar con la mentira de tus hijos es explicarles que Dios aborrece totalmente la mentira (Pr. 12:22) y que quieres que ellos aprendan a detestar lo que Dios detesta.

Los padres deben infundir en sus hijos la realidad de que mentir siempre trae malos resultados. Aunque nunca los atrapen en una mentira, no serán felices por dentro si resolvieron un problema con una mentira (los adultos llaman a esto culpa y ansiedad). El resultado de decir la verdad podría ser incómodo e incluso doloroso, pero siempre es noble y correcto, porque agrada a Dios.

Desde luego, como padre, tú sabes que es importante dar un buen ejemplo y decir la verdad en todo momento. Si no quieres hablar con alguien por teléfono, no les pidas a tus hijos que digan que no estás en casa. En cambio, sencillamente, pídeles que digan que en ese momento no puedes hablar. No les prometas a tus hijos que los vas a llevar a algún lado o vas a hacer algo para ellos, si no vas a cumplir tu palabra. En cambio, diles que vas a tratar de llevarlos o que, si todo sale bien, lo harás. No le digas a ninguna niñita que golpee a tu puerta para venderte galletitas que ya compraste, cuando no es así. Si no quieres comprar galletitas, sencillamente dile: "No, gracias".

Abre la puerta de par en par para que tus hijos se acerquen a la luz y digan la verdad. En vez de acusarlos airadamente cuando sospechas que no están diciendo la verdad, investiga la situación y procura entender por qué prefieren recurrir a la mentira. Si no los encuentras infraganti, escúchalos y busca una evidencia. ¿Es creíble la versión de tus hijos? Cuando dicen su parte de la historia, ¿los delata su lenguaje corporal? ¿Puede otra persona corroborar su versión de la historia? Averigua bien qué pasó y haz preguntas como por ejemplo: "¿Por qué golpeaste a tu hermano?". "¿Me puedes explicar por qué no hiciste tu tarea?". "¿Cómo fue que rompiste esa lámpara?".

Con preguntas como estas, no pueden responderte: "Yo no lo hice", porque ya les has indicado que conoces la verdad de la situación. Ahora, simplemente les estás pidiendo que aclaren la situación, y les estás dando la oportunidad de hacer su descargo.

Un excelente ejemplo de esta manera de confrontarlos es la historia de Anaías y Safira (Hch. 5:1-11). Ellos mintieron sobre la suma de dinero que habían recibido de la venta de su propiedad, de la cual ofrendaron para los pobres. El apóstol Pedro, sabiendo que mentían, les dio la oportunidad de explicar su comportamiento. Ellos insistieron en su mentira, ¡y Dios los fulminó en el acto!

Cuando interrogues a tus hijos con este tipo de preguntas, seguramente te darán respuestas como estas:

- "Lo golpeé, porque él rompió mi pista eléctrica".
- "No hice mi tarea, porque estaba hablando con Katy por teléfono".

- "Estaba corriendo por la sala y me choqué con la mesa de la lámpara".

A veces la única manera de que tus hijos aprendan una lección es de la manera más difícil.

Así es como los padres de Esteban, de nueve años, trataron con su mentira. Un día, le robó un autito de colección a un compañero de clases. Era el mejor auto que jamás había visto, y lo quería más que nada en el mundo. Normalmente, Esteban era un buen chico, y no era que no tuviera suficientes autos y camiones de su propia colección. Cuando la madre de Esteban lo fue a buscar a la escuela, su maestra le comunicó que faltaba un autito. Le explicó que uno de los alumnos dijo que Esteban lo había tomado.

Esa noche, los padres de Esteban le dijeron lo que la maestra les había comunicado, y finalmente él confesó que había tomado el auto. Entonces ellos le informaron que él tendría que ir a devolverle el auto a su debido dueño… inmediatamente. Sí, llevaron a Esteban a la casa del niño para que se disculpara y le devolviera su autito. Además, perdió el privilegio de jugar con sus propios autos durante un mes.

Los padres confrontaron a Esteban y, con toda calma, le exigieron que reparara lo que había hecho y sufrió las consecuencias de sus actos. Sería bueno que cada padre practicara, en calma, el poder de la confrontación cuando sus hijos mienten. Los niños se formarán el hábito de decir la verdad si los padres demuestran la sabiduría y el valor de cumplir tres funciones:

- instruirlos en principios morales firmes;
- entrenarlos en la manera de practicar esos principios;
- imponerles consecuencias apropiadas para cada edad cuando violan esos principios.

Día 17

La exageración

"Libra mi alma, oh Jehová, del labio mentiroso, y de la lengua fraudulenta".

Salmos 120:2

El diccionario define *exagerar* como "magnificar algo más allá de la verdad", y todo aquello que traspase los "límites de la verdad" es una mentira. Es importante enfatizar esto, porque muchas personas consideran que exagerar es una acción inofensiva. No solo los niños exageran; conozco a varios adultos que constantemente traspasan los "límites de la verdad" en relación a sus experiencias o la de otros.

Háblales a tus hijos de personajes que sufrieron consecuencias negativas por exagerar o mentir. Si son niños pequeños, puedes contarles la historia del pastorcito que gritaba: "¡Ahí viene el lobo!". Por si no recuerdas los detalles, la historia cuenta que había un pastorcito, que cada vez que estaba aburrido, gritaba: "¡Ahí viene el lobo!". Los habitantes del pueblo iban corriendo a ayudarlo pero, cuando llegaban, veían que el niño se estaba desternillando de risa por la broma que les había hecho otra vez. Un día, vio a un lobo de verdad que acechaba para atacar a las ovejas pero, cuando gritó: "¡Ahí viene el lobo!", nadie acudió. Cuando las persona saben que siempre mientes, no te creerán ni siquiera cuando digas la verdad.

Yo tengo mi propios ejemplos de adultos que exageran entre mi círculo de interacción. Me resulta difícil tener una conversación seria con ellos, porque me pregunto cuánto de lo que están diciendo debería creerles y cuánto no. Sin embargo, estoy convencida de que un adulto que exagera fue primero un niño que exageraba. Por eso es importante cortar de raíz esta conducta antes que se arraigue fuertemente. Una madre afligida por las exageraciones de su hijo pidió ayuda desesperadamente:

> Mi hijo de siete años exagera todo el tiempo, y no sé qué hacer para corregir esa conducta. Quiero dominar esta situación para que no se convierta en un manipulador.
>
> Él ha tenido problemas con algunos compañeros de la escuela. Pienso que, en su esfuerzo por identificarse con ellos, descubrió que los otros niños cuentan historias exageradas sin recibir ningún castigo, así que él se siente obligado a dar sus propios relatos exagerados para no ser menos. Por ejemplo, les ha dicho a sus compañeros que su papá tiene un auto deportivo, y eso no es verdad. Además les dijo a los maestros que tiene trece gatos. ¿Cómo puedo tolerar este comportamiento?[1]

---

1. Stacie Bunning, "How Can I Stop My Child from Exaggerating?", www.greatschools.org/parenting/behavior-discipline/1487-stop-exaggerating.gs.

Parece que esta madre sabía muy bien lo que motivaba la conducta de su hijo —el deseo de llamar la atención y la necesidad de aceptación—, algo común en la mayoría de los que exageran. Lo que ella estaba pidiendo desesperadamente eran algunas estrategias específicas para tratar con ese comportamiento. Estas son algunas sugerencias:

No des el mal ejemplo de tu propia exageración. Ten cuidado de no adornar tus historias con frases superlativas como: "*todos* dijeron..." o "*nadie* quería...".

No ignores las exageraciones. Si tus hijos están buscando llamar la atención, van a contar historias más descomunales hasta que lo consigan.

Presiona sutilmente a tus hijos cuando exageren y pídeles detalles bien específicos hasta que se les acabe la imaginación. Por ejemplo: "¿Así que tu amiga Sally tiene diez perros? ¿Cómo se llaman? ¿Cómo es cada uno?". Cuando tu hija se frustre porque no se le ocurren más respuestas, cuestiona lo que dijo. "Creo que estás exagerando. Necesito que entiendas que a Dios no le gusta y a mí tampoco". Ese sería un buen momento para contarle una historia con "consecuencias negativas" y enfatizar que exagerar es mentir.

Si conoces los hechos que refutan su exageración, *corrígelos inmediatamente*, incluso en presencia de otros. "Timoteo, creo que lo que realmente pasó es...". Esto le enseñará que si tú descubres que está traspasando los límites de la verdad, no lo vas a ayudar a salvar las apariencias y seguir con su historia.

Dales una dosis de su propia medicina. Wannikki Taylor publicó en su blog una gran sugerencia sobre cómo hacer esto:

> Describe exageradamente la merienda que les vas a preparar a la tarde. Diles que les vas a preparar manzana bañada con mucho caramelo y toneladas de granas de colores y un vaso de batido de frutillas. En vez de darles la manzana acaramelada y el batido, sírveles una simple manzana y un vaso de leche. Preguntarán dónde está la merienda que les prometiste. Explícales que aunque la exageración hace que algo parezca bueno, distorsiona la verdad y puede decepcionar a las personas.[2]

Felicítalos cuando cuenten una historia fielmente. Diles que estás orgulloso de su historia verdadera. La mentira trae castigo y la verdad trae recompensas.

Procura apartar tiempo de calidad específico para tus hijos de tal modo que sepan que los amas, los valoras y los aceptas tal como son.

---

2. Wannikki Taylor, "Activities to Help Stop Kids from Exaggerating Stories," http://everydaylife.globalpost.com/activities-stop-kids-exaggerating-stories-17726.html.

Día 18

Las malas contestaciones a los padres

"Un niño al que sus padres le toleran la falta de respeto no tendrá verdadero respeto por nadie".

EVANGELISTA BILLY GRAHAM

Regina, de once años, dijo en confianza: "Mis padres dicen que soy irrespetuosa. No sé qué quieren decir. ¡Nadie se sentó jamás a explicarme qué es la falta de respeto!". Regina es una buena niña, pero en realidad les contesta mal a sus padres sin límites ni consecuencias. He sido testigo personal de eso.

Sin embargo, pienso que en algo tiene razón. Los padres deben ser diligentes en enseñar a sus hijos qué es la falta de respeto. No estoy sugiriendo que hay que confeccionar una larga lista de las cosas que constituyen una falta de respeto y las que no, pero no se debe dejar pasar ninguna falta de respeto, ya sea en tono o en palabras.

Muchos padres modernos creen que si la ignoran, finalmente pasará. No es así. El viejo dicho: "El silencio es consentimiento" nunca ha sido más cierto. Si no cortas de raíz la falta de respeto, crecerá como una mala hierba. Recientemente, una amiga cercana se estaba quejando de la falta de respeto con la que su hija de veintiséis años le había hablado. Luego confesó: "Claro que siempre me ha contestado mal, pero esta vez se pasó de la raya".

Un niño que contesta mal es producto de padres tolerantes (o padres solos), que no pusieron límites ni consecuencias apropiadas y firmes. Con nuestra tolerancia les estamos enseñando a los niños (y a otros) cómo tratarnos. Sí, sé que vivimos en tiempos de mucho estrés y que la mayoría de los padres tienen presiones y dramas en su trabajo. Muchos son reacios a sumar más tensión a su vida en el hogar al disciplinar a sus hijos, quienes probablemente no respondan bien a la disciplina, en especial si están acostumbrados a la indulgencia.

Una gran cantidad de niños irrespetuosos contestan mal, porque los padres perdieron la credibilidad ante ellos. Ser creíbles significa ser dignos de confianza, cumplidores, personas de palabra. Como padre, *debes* ser creíble para tus hijos si tienes alguna esperanza de enseñarles a ser adultos obedientes, cumplidores y dignos de confianza. Es el ejemplo que tus hijos deben ver en ti constantemente. Si no hablas en serio, no es serio lo que dices, y si les das el ejemplo de una vida de valores morales comprometidos (según su opinión), tus hijos no tardarán en sentirse justificados cuando te faltan al respeto.

Para educar a tus hijos en un hogar donde se espere y se experimente respeto, pon en práctica estas estrategias comprobadas:

- Piensa antes de pronunciar un castigo. Amenazar a tus hijos con no mirar televisión por un mes o estar castigados por seis meses o irse a la cama antes del anochecer durante el resto del año es ser poco realista.

- No des por hecho que siempre tienes razón.
- No dudes en admitir delante de tus hijos cuando estás equivocado y disculparte por cualquier falla de tu parte, como lo es reaccionar mal.
- Una vez que emites un juicio o prometes disciplinar a tus hijos, no te retractes; mantén tu palabra (a menos que descubras nueva información que afecte tu decisión). Por eso es mejor pensar antes de hablar.
- No permitas que tus hijos miren programas de TV y películas que caractericen a padres despistados, inmaduros y sin carácter.
- Ten tolerancia cero por la mentira y el engaño.
- Establece expectativas y normas firmes y permanentes, en vez de ser improvisadas según tu estado de ánimo.

Los resultados de ser un padre creíble son:

Les ofreces a tus hijos la red de seguridad que necesitan y desean. Les muestras cuáles son sus límites y qué sucederá si traspasan esos límites (y todos sabemos que los niños ponen a prueba los límites).

Ahorras tiempo y energía mejor invertidos en hablar y escuchar en vez de discutir y pelear batallas emocionales. En vez de enredarte en diferencias de palabras y voluntades, puedes razonar con ellos, escucharlos y plantar en sus mentes que tú eres su padre (o madre). Aunque a veces podrías estar abierto a una negociación y arreglo, una vez que pones límites, debes hacerlos cumplir.

Aunque es mejor empezar la aventura de criar a tus hijos como un padre creíble, podría ser que, al leer esto, tus hijos ya estén a punto de entrar a la edad preescolar. Si es así, no te preocupes; empieza a partir de hoy. Si tus hijos tienen más de cuatro o cinco años, siéntalos y explícales en calma, sin estar a la defensiva y con palabras adecuadas a su edad, cómo y por qué las cosas van a ser diferentes de ahora en adelante. Sé específico sobre las normas: no tolerarás que te levanten la voz ni que se vayan cuando les estás hablando. Diles que eso no significa que no puedan hacer preguntas, pedir llegar a un acuerdo o sugerir alternativas; sino que, simplemente, tú siempre tendrás la palabra final. Y punto.

Finalmente, enfatízales que los amas con todo el corazón y que deseas que tengan la vida larga y próspera que Dios ha prometido a los hijos que honran a sus padres. Este podría ser un buen momento para imprimir o escribir esta promesa y pedirles que la lean y la memoricen. Sería muy buena idea que la pongas en un marco también.

> *Hijos, obedezcan a sus padres porque ustedes pertenecen al Señor, pues esto es lo correcto. "Honra a tu padre y a tu madre". Ese es el primer mandamiento que contiene una promesa: si honras a tu padre y a tu madre, "te irá bien y tendrás una larga vida en la tierra" (Ef. 6:1-3, NTV).*

Día 19

La manipulación

Manipular: influenciar o controlar a alguien de manera astuta, hábil o maliciosa.

En una ocasión estaba jugando con Sabrina, la hija de cuatro años de mi vecina, que estaba fascinada con mi collar multicolor. Sentada sobre mi falda jugaba con mi collar hasta que decidió dar el golpe de gracia. Entonces me abrazó y con mucha dulzura me dijo: "Eres muy bonita. ¿Me das tu collar?". ¡Todo a la vez sin siquiera respirar!

Sabrina era demasiado inocente para ocultar su motivo ulterior con más sutileza, pero lo bastante inteligente para saber que decirles cosas agradables a las personas le podía ayudar a conseguir lo que quería. Desde luego, yo no iba a dejarme manipular por una preciosa criatura con carita de ángel, y no le di mi collar.

Los niños tienen una variedad de estrategias que usan para manipular a los padres o a otras personas y conseguir lo que quieren. Veamos si puedes identificar cuáles practican tus hijos y qué puedes hacer para arrancar de raíz ese hábito.

Adulación. Cuando tus hijos te elogian demasiado ("¡Eres la mejor mamá del mundo!"), tan solo diles: "Gracias. Qué bonito es escuchar eso". Cuando minutos u horas más tarde vengan con un pedido cuestionable, debes saber que eres susceptible a que te manipulen. No permitas que el temor de no corresponder a su cumplido te fuerce a decir que sí cuando una respuesta más sabia es: "¡No, pero estoy contenta de ser la mejor madre del mundo!".

Discusiones irracionales. "¿Por qué no puedo ir a ver una película en la trasnoche con mis compañeros de la escuela? Me saqué una buena nota en el examen de matemáticas, ¡y además arreglo la cama todos los días!". No discutas sobre la irrelevancia de sus justificaciones para su pedido. Responde como un padre, no como un compañero. "Pienso que es mejor que no pierdas horas de sueño. Buenas noches".

Llanto falso. Los niños pequeños han perfeccionado esta táctica. He cuidado a niños que "lloran" con todas sus fuerzas sin derramar una sola lágrima. Parece que saben instintivamente que querrás detener ese sonido exasperante. Bien, debes ser un padre fuerte, mirar a ese niñito mimado directo a los ojos y decirle: "No puedo escuchar tus palabras cuando lloras. Si quieres algo, pídemelo de esta manera...". Luego explícale de qué manera lo tiene que hacer para que aprenda a pedir lo que quiere de una manera más convincente y eficaz: "Mami, me gustaría...".

Enfrentan a mamá con papá. "Pero mamá dijo que podía pasar la noche con Susy". Bien, ¡mamá y papá, únanse! Decidan con anticipación qué decisiones requerirán el consentimiento mutuo: todas las actividades sociales (incluso las fiestas de pijamas), ajustes en la suma de dinero semanal para gastos, ciertas compras (teléfonos celulares, computadoras, dispositivos electrónicos). Esto es decisivo para su propia calidad de vida. No ponerse de acuerdo aquí destruirá el matrimonio de ustedes. El comportamiento será aún peor en la adolescencia.

Cuando tus hijos vienen a ti y tratan de apelar una decisión que tomó tu cónyuge, no muerdas el anzuelo. Devuélveles la pregunta. "¿Qué dice tu madre/padre?". Aunque no estés de acuerdo con la decisión de tu cónyuge, puede que tengas que aceptarla como muestra de solidaridad. Ahora bien, por el amor de Dios, no compitan uno con el otro para ganarse el favor de sus hijos y les digan a todo que sí. Esto sucede frecuentemente con padres que están separados o divorciados. No importa cuán conflictiva haya sido la separación, céntrate en el objetivo superior de educar bien a tus hijos y que sepan que no siempre pueden obtener lo que quieren.

Amenazan con irse de casa. Los niños en edad escolar (y sin duda los adolescentes) pueden ser adeptos en usar esta táctica para salirse con la suya. A veces realmente lo cumplen, así que sé sabio aquí. Joel Kessel, asesor de *National Runaway Safeline* (www.1800runaway.org) aconseja que si tus hijos amenazan con irse de la casa, deberías sentarlos y hablar con ellos sobre lo que implica esa amenaza e "invítalos a hablar contigo o con otra persona sobre aquello que los está perturbando, y trata de ser comprensivo y buscar la manera positiva de enfrentar la situación".

Natalia Bruen, cuyo hijo de diez años se fue realmente de su casa, dice: "Creo que es sumamente importante tener calma y, a veces, no ser demasiado indulgente. Le expliqué a mi hijo que su lugar es la casa hasta que sea adulto y que el mundo es maravilloso, pero también aterrador cuando eres un niño. Le dije: "Necesitas la protección de tu familia, aunque no siempre te guste lo que te decimos'".

Hacen el papel de víctima. "Nunca puedo hacer lo que quiero". Tu respuesta: "Lamento que te sientas de esa manera". Recítales una lista de los beneficios y privilegios que ellos disfrutan, pero obviamente no aprecian.

Simulan estar enfermos. Puesto que los niños son excelentes observadores de lo que funciona y no funciona, hay una buena probabilidad de que puedan fingir estar enfermos para llamar más la atención o para evadir una tarea tediosa. Sé un padre que discierne y observa cualquier indicio. Trata de apartar un momento para estar a solas con tus hijos, pero no en ese preciso momento para que no piensen que su táctica ha funcionado. *Una advertencia*: no descartes demasiado rápido la "enfermedad". Tómales la temperatura y busca otros indicios de enfermedades comunes en los niños.

Hacen pucheros/ponen cara triste. Sí, te gustaría ver felices a tus hijos las 24 horas del día, pero todos tenemos momentos tristes (ver el Día 25: "Hacer pucheros").

Tienen berrinches y arrebatos de enojo. La mayoría de los niños cuenta con tu deseo de evitar ese momento tan desagradable. Sorpréndelos e implementa consecuencias indeseables por cualquier conducta manipuladora (ver el Día 21: "Los berrinches y los arrebatos de enojo").

Padres, no dejen que el temor al distanciamiento

o a la incomunicación de sus hijos les haga ceder a su conducta manipuladora. Ustedes están formando a un futuro adulto. No pueden darse el lujo de enviar a sus hijos al mundo con la creencia de que la manipulación es una manera eficaz de obtener lo que desean. Eso fue lo que le dio resultado a Dalila para conseguir que Sansón le revelara el secreto de su fuerza (Jue. 16:4-21). ¡Para nada un ejemplo de integridad! En cambio, sé diligente en señalarles a tus hijos cuando están siendo manipuladores. Recuérdales que la gente no acepta a aquellos que usan una forma tan mala de persuasión; a nadie le gusta sentir que están jugando con él. Anímalos a comunicar sus deseos de manera clara y directa.

Finalmente, enséñales a tus hijos a servir genuinamente a los demás y a mostrar un verdadero interés y preocupación de tal manera que cuando llegue el momento en que necesiten un favor, los demás estén contentos de ser recíprocos. Lo sé por experiencia. Mientras escribía este libro, falleció el hermano de nuestro amigo Ralph. Él y su esposa Cathy han sido muy "generosos" con Darnell y conmigo y con muchos otros, y todos sentimos que apoyarlos de manera práctica y tangible durante su momento de dolor era lo menos que podíamos hacer por ellos, pese a nuestras múltiples ocupaciones y plazos urgentes a cumplir.

Día 20

La falta de respeto a la autoridad

"El respeto por nosotros mismos guía nuestros valores morales; el respeto por otros guía nuestros buenos modales".

Laurence Sterne, clérigo anglicano

Mi amiga Clara, una maestra de jardín de infantes, me contó que dos niñas de cuatro años le pidieron un vaso de agua durante el recreo y se pusieron a juguetear y a divertirse con la boca repleta de agua. Después de esperar pacientemente, Clara les pidió que tragaran el agua. Una de las niñas obedeció. Sin embargo, la pequeña Sol escupió el agua directamente sobre los pantalones y los zapatos de su maestra. Entonces Clara la llevó de inmediato a la oficina de la directora.

Cuando llegó la madre de Sol para retirar a su hija, el personal del jardín le informó sobre el incidente. Ella se puso furiosa, porque la maestra había llevado a Sol a la oficina de la directora en vez de ponerla en penitencia. Se negó a pedirle a Sol que se disculpara porque, primero, "ella no la había visto" y, segundo, "una niña de cuatro años es demasiado pequeña para entender lo que significa una disculpa". La madre de Sol perdió una oportunidad decisiva de enseñarle reglas de conducta y respeto por los adultos. En cambio, prefirió culpar a la víctima por la conducta inaceptable de su hija.

Una de las cosas más importantes que puedes enseñarles a tus hijos es dónde termina el respeto y comienza la falta de respeto. El *respeto* es "deferencia a la autoridad de otra persona o admiración por otra persona". Hay tres cosas que puedes hacer para enseñar a tus hijos a respetar la autoridad:

1. vive respetuosamente, y que ellos te vean;
2. implementa consecuencias negativas por su falta de respeto;
3. trata a tus hijos con respeto.

Analicemos en más detalle estas tres cosas básicas.

Vive respetuosamente

Seguramente has escuchado el adagio que dice: "Haz lo que yo digo, no lo que hago". Muchos padres transigentes recurren a esta expresión para justificar su propio comportamiento cuestionable. Los padres que adoptan este dicho forman hijos confundidos, frustrados, ansiosos y, con demasiada frecuencia, rebeldes hacia la autoridad. Por eso, vivir respetuosamente es esencial para enseñar a tus hijos a respetar la autoridad. Puede que en este momento estés pensando: *Oye, yo soy un ciudadano que respeta las leyes. No engaño en la declaración de impuestos y jamás he robado nada en toda mi vida.* ¡Qué bien! Pero pregúntate:

- conduces más allá de la velocidad máxima;
- le hablas a tu cónyuge irrespetuosamente;
- hablas negativamente de la madre o el padre de tus hijos;
- tratas de mala manera a los meseros o a los empleados de los comercios;
- causas molestias a otros cuando hablas por celular en un lugar público;
- les contestas mal a los vendedores telefónicos, en vez de decirles sencillamente: "No, gracias" y cortar;
- hablas mal de tu jefe o degradas su capacidad;
- cuando vas a una tienda de ropa, dejas el probador en desorden o desarreglas los artículos que están sobre los estantes o exhibidores.

Aunque podría parecer irrelevante o trivial enseñarles estas cosas a tus hijos, no lo son. Son claros ejemplos de falta de respeto y rebeldía que, inconscientemente, les estás dando.

Los padres de Josué no entendían por qué habían llevado detenido a su pulcro hijo, estrella del golf y alumno sobresaliente por conducir a exceso de velocidad. Ellos argumentaban con el oficial de policía (delante de Josué) que solo iba a 10 km por sobre la velocidad máxima. El oficial les explicó que aunque "solo eran 10 km" seguía siendo exceso de velocidad y que era una zona de escuelas. Y después les dijo que la razón por la que llevó a Josué a la estación de policía y llamó a sus padres fue porque Josué había mostrado una actitud muy irrespetuosa al decirle al oficial que mejor se dedicara a perseguir a los drogadictos en vez de molestarlo a él.

La educación de los padres le había hecho creer que él era mejor que otros. Debido a su desempeño sobresaliente en ciertas áreas, ellos pasaban por alto sus deficiencias. Josué y sus padres sentían que no era necesario respetar la autoridad del oficial de policía, porque los otros chicos estaban haciendo cosas peores que las que hacía Josué. Díselo a los padres del niño que Josué podría haber lesionado fácilmente al conducir a exceso de velocidad en una zona de escuelas.

Implementa consecuencias

Si tus hijos no sufren las consecuencias de sus acciones, nunca aprenderán a respetar la autoridad, ya sea la tuya o la de otros. Vuelvo a recordar una historia de los Osos Berenstain. Mamá oso era una madre sabia. Cuando la hermana oso pidió permiso para ir a la fiesta de pijamas de Lily, mamá oso le dijo que dejarla ir era un privilegio y que el privilegio traía consigo la responsabilidad de portarse bien y ser responsable.

Sin embargo, debido a que los padres de Lily no estaban en casa para supervisar, las cosas se les fueron de las manos. Hicieron demasiado ruido y los vecinos llamaron a la policía, que justo llegó cuando los padres de Lily regresaban a la casa. Estos cancelaron la fiesta y llamaron a los padres para que fueran a buscar a sus hijas.

Mamá oso estaba muy enojada. Reprendió a la

hermana oso y le dijo que estaba muy decepcionada por su falta de respeto y de responsabilidad. Además, castigó a la hermana oso y le suprimió sus actividades favoritas. Incluso, a la mañana siguiente, llevó a la hermana oso a la casa de Lily para que ayudara a limpiar el desorden que habían hecho. Ella consideraba que, si la hermana oso había colaborado con el desorden, también debía ayudar a limpiarlo.[3] Las acciones traen sus consecuencias.

Una de las peores cosas que les puedes hacer a tus hijos es evitar que paguen las consecuencias de su comportamiento. Las consecuencias son una causa y efecto natural. Por lo tanto, si les permites causar algo, pero nunca les permites experimentar el efecto, nunca sabrán o entenderán lo que significa ser responsable o hacerse cargo.

Respeta a tus hijos

Los hijos también son personas. Ellos sienten, piensan (a veces), tienen sueños, se asustan; son todas cosas que tú y yo hacemos, incluso querer respeto. Ellos necesitan que, como padre, los respetes y:

- seas considerado y consciente de sus sentimientos;
- les permitas tener cierta privacidad;
- consideres sus pensamientos y opiniones cuando sea posible;

---

3. Stan & Jan Berenstain, *The Berenstain Bears and the Slumber Party* (Nueva York: Random House Books, 1990). Publicado en español por Editorial Turtleback con el título "Los osos Berenstain y demasiada fiesta".

- les pidas disculpas cuando estás equivocado;
- les des espacio para crecer y convertirse en las personas que quieren ser, no en quien tú piensas que deberían ser (mientras lo que quieran sea seguro, legal y sano).

La manera en que tus hijos respetan la autoridad dice mucho sobre la formación que recibieron en el hogar. Respetar la autoridad no significa que siempre deben estar de acuerdo con el poder que ejercen, sino estar dispuestos a someterse a su autoridad por el bien de todos los implicados. Más aún, muestra que tienen la capacidad de comprometerse y mostrar respeto al tomar el camino correcto para producir un cambio.

Día 21

Los berrinches y los arrebatos de enojo

"La blanda respuesta quita la ira; mas la palabra áspera hace subir el furor".

PROVERBIOS 15:1

Durante su niñez —e incluso en la adolescencia—, cuando Cristal sentía que la trataban injustamente, cerraba los puños y decía: "¡No es justo! ¡No es justo! ¡No es justo!". Cada vez lo decía más fuerte hasta que, al final, gritaba a todo pulmón. Quería que todos supieran que no estaba contenta, y pensaba que si gritaba, lo entenderían mejor. Los niños gritan de enojo por muchas razones:

- Sencillamente, imitan a sus padres. Si tú gritas, es probable que tus hijos también griten.
- Han aprendido que nadie los escuchará a menos que griten.
- Se sienten impotentes. Los niños que gritan podrían estar expresando un enojo o frustración que va mucho más allá de la situación que desencadenó el arrebato.

Por lo general, la frustración es la razón de los berrinches temperamentales de los niños pequeños. Desde luego, también están los niños consentidos que se emberrinchan porque saben que les da resultado. Así y todo, los padres sabios deberán tener cuidado de no provocar la rabieta de sus hijos a causa de su mala organización como padres. Si no has alimentado a tus pequeños durante horas, es muy probable que sientan hambre cuando vayas al supermercado. Y eso podría acarrear problemas, porque estarán rodeados de cosas para comer. Gritar podría ser la manera más rápida de decir: "¡Necesito comer!".

Ahora bien, yo creo que "enseñas a través de lo que toleras". Por consiguiente, debes saber que estás fijando un precedente cuando cedes a los berrinches o arrebatos de enojo de tus hijos. En cambio, trata de usar las siguientes estrategias para salir de sus berrinches sin perder el juicio.

No los castigues físicamente en público. No es el lugar ni el momento oportuno para castigar a tus hijos (¡en estos tiempos, alguien podría denunciarte de maltrato!). Detesto cuando los padres toman medidas disciplinarias extremas para impresionar a los espectadores cuando es evidente que en la casa no practican toda esa disciplina. Es mejor salir de ese lugar, aunque tengas que llevarte a tus hijos pataleando y gritando.

Si tus hijos son suficientemente grandes para hablar, pídeles que te digan qué los está fastidiando. "Dile a mamá lo que te pasa. No puedo escucharte si gritas". Dios no quiere que eduques a tus hijos de tal manera que piensen que pueden intimidarte con sus gritos.

Establece límites claros y no cambies de opinión. "Jésica, si no dejas de gritar, voy a retornar la caja de cereal de fruta que acabo de comprarte".

Llega a un acuerdo con tus hijos. Cuando llevaba a mi sobrina al parque para alimentar a los patos, se ponía a llorar y a gritar siempre que nos íbamos. De modo que empecé a decirle, ni bien llegábamos: "Cuando les hayamos dado todas las palomitas de maíz a los patos, nos vamos. Si lloras, tendremos que dejar de venir al parque por un tiempo". Me costó conseguir que colaborara por completo, pero gané la lucha de voluntades.

Háblales sin gritar. Mantén la calma y la autoridad. Aplica las consecuencias adecuadas a la edad cada vez que te amenacen. No tienes necesidad de gritar tú también. Recuerda que tú eres su padre o madre, no un semejante.

La lección principal aquí es enseñarles a tus hijos que gritar no es la manera adecuada o eficaz de expresar su enojo o conseguir lo que quieren. Si un niño no siente la necesidad de gritar para conseguir que lo escuchen, no gritará. Cuando en tu hogar tanto los niños como los adultos pueden expresar sus sentimientos —buenos, malos o indiferentes— de una manera calmada y razonable, harán precisamente eso. Si tus hijos saben que pueden ir a ti para expresarte su enojo (aunque estén enojados *contigo*) y que tú realmente los escucharás, ellos no tendrán necesidad de gritar sus sentimientos para romper el silencio de ser ignorados o el ruido de todos los que quieren ser escuchados.

Sin embargo, hay veces cuando los hijos solo necesitan desahogarse un poco. Considera la historia de Alan, quien perdió a su padre cuando tenía doce años y estaba enojado con él por haberlo abandonado. También estaba enojado con sí mismo por no haber estado presente cuando murió. Alan estaba enojado con el mundo. Por mucho tiempo se guardó su enojo bien adentro. Pensó que tenía que ser "el hombre de la casa" para su madre y sus dos hermanos menores. Cuatro años después, cuando su mamá se volvió a casar, él se enojó con ella por "olvidarse" de su padre. Aunque le gustaba el hombre que se casó con su madre y estaba contento de verla feliz, seguía con su enojo. Sin embargo, nunca dijo una sola palabra.

Una noche, en un campamento de la iglesia, él y algunos de sus amigos de toda la vida estaban hablando con la consejera de jóvenes sobre sus temores cuando brotaron los sentimientos de Alan. Él tenía miedo de su enojo. Tenía miedo de expresarlo y de enfrentarlo. La consejera le recomendó que fuera a algún lugar donde se sintiera completamente seguro y que gritara y dejara salir todo su enojo. Le sugirió que cavara un hoyo, que gritara en él y que lo volviera a cubrir para enterrar su enojo de una vez por todas. Cuando Alan regresó a la casa, hizo tal cual le sugirió la consejera y confesó que nunca había sentido tanto alivio en todos esos años.

Hay veces cuando podría ser terapéutico para tus hijos desahogarse un poco. Siempre y cuando no dirijan su enojo hacia nadie y no lastimen a nadie ni se lastimen a ellos mismos, permite que lo hagan.

Enseñar a los hijos a expresar su frustración con franqueza, sinceridad y calma también los capacitará para manejar sus sentimientos de manera racional en vez de actuar sin pensar. Para que controlen su enojo, amonesta a tus hijos a respirar hondo, contar hasta diez y hablar en voz baja. Esta estrategia les dará la victoria.

Día 22

Las malas palabras

"Ninguna palabra corrompida salga de vuestra boca, sino la que sea buena para la necesaria edificación".

EFESIOS 4:29

El abuelo Juan llevó a Micaela, de cuatro años, a la cafetería del hospital para que comiera y se distrajera de toda la ansiedad que había en la habitación del hospital donde se encontraba su hermanita menor. Dado que los padres de Micaela tenían una granja con sus abuelos, el abuelo sabía exactamente qué decirle para que se olvidara de lo que estaba pasando en el cuarto piso.

—¿Cómo están tus corderitos? —preguntó él.

—Bien —contestó ella—. ¡Pero tenemos que hacer algo para sacarnos de encima a esos coyotes de #$@&%*!

Había algunas señoras mayores en el lugar que se dieron vuelta inmediatamente cuando escucharon esa palabrota.

El abuelo Juan abrió los ojos de par en par.

—¿Qué dijiste?

Micaela repitió su contestación inocentemente palabra por palabra. Solo estaba repitiendo lo que había escuchado decir a su padre en un momento de frustración.

La mayoría de los padres ha tenido sus momentos de "cafetería de hospital". Aunque tú no digas malas palabras, es probable que tus hijos aprendan una o dos palabras en el autobús escolar, en el jardín de infantes o de boca del tío Rafael. Entonces, ¿qué deben hacer los padres?

¡Piensa antes hablar! Ya sean buenos modales, respeto o cualquier otra conducta, sin duda aquí podemos aplicar lo que dice el adagio: "Lo que hace el mono, hace la mona". Los niños *hacen* lo que *ven* y *dicen* lo que *escuchan*. La mejor manera de enseñarles a tus hijos a no decir malas palabras es darles el ejemplo.

Establece lo que constituye una mala palabra. A medida que tus hijos empiecen a participar de actividades sociales y pasen tiempo con los amigos de la escuela, van a estar expuestos a diferentes opiniones de lo que es y no es una mala palabra y lo que está permitido entre hermanos y lo que no. Por eso es importante establecer desde bien temprano las normas y expectativas de la familia.

Reacciona inmediatamente ante una mala palabra. La sabiduría del mundo dice que *no* debes reaccionar escandalizado o de manera exagerada. Yo digo que *sí*; guarda la calma pero, por el amor de Dios, no actúes como si nada hubiera pasado. Creo firmemente que les enseñamos a los niños cómo *comportarse* por lo que *toleramos*. Debemos reaccionar de inmediato para comunicarles que las malas palabras son inadmisibles y que no las vamos a tolerar. Cómo hacerlo depende del estado de desarrollo de cada niño. El Dr. Timothy Jay, profesor en comportamiento, afirma:

Los niños pequeños egocéntricos no comprenden cabalmente por qué las palabras son ofensivas a los oyentes, pero se les puede enseñar a no usar palabras ofensivas. A un niño de dos o tres años se le podría decir sencillamente que no diga una palabra sin mucha explicación. Por otro lado, a un niño de cinco años se le puede explicar la restricción de ciertas palabras. Un niño de ocho años es capaz de sentir empatía y de entender que las palabras pueden ofender a otros.[4]

Explícales por qué es malo decir malas palabras. Con niños preescolares como Micaela, normalmente es suficiente comunicarles que no deberían decir ciertas palabras, siempre y cuando no estén expuestos constantemente a ese tipo de lenguaje. Pero, inevitablemente, tus hijos escucharán palabrotas… tal vez repetidas veces. Como padre, debes tomarte el tiempo de explicarles por qué las malas palabras son indebidas. Asegúrate de advertirles que:

- las malas palabras son inaceptables para Dios (Ef. 4:29);
- las malas palabras son ofensivas e irrespetuosas;
- las personas importantes para ellos, como sus maestras y, más adelante, sus empleadores rechazan las malas palabras.

4. Timothy Jay, PhD, "When Young Children Use Profanity: How to Handle Cursing and Name Calling", www.earlychildhoodnews.com/earlychildhood/article_view.aspx?ArticleID=59.

Ofréceles alternativas para las malas palabras. Hace algunos años, mi madre, que ya falleció, cuidaba regularmente a su nieta Ashley. Mi madre era una cristiana piadosa, que disfrutaba de enseñarles a sus nietos historias de la Biblia y cómo ser una buena persona. Mi madre le enseñó a Ashley la horrible historia de Jezabel y todos los reyes malos. Según Ashley, esas eran las personas más despreciables del mundo. Un día, alguien la enojó mucho y desbordada por su frustración, gritó: "¡Tú, Jezabel! ¡Tú, rey malo!". Esa fue su alternativa para no decir una mala palabra. Ahora tiene más de treinta años con una hija en edad escolar a quien le está enseñando a no repetir malas palabras.

Cuando nos enojamos o nos asustamos, a menudo buscamos palabras para expresar nuestros sentimientos "al máximo". Algunos padres les ofrecen a sus hijos palabras alternativas para cuando realmente quieren expresar su frustración y mantener su lenguaje bajo control. Algunas familias elijen palabras ridículas o incluso inventan sus propias palabras para usar en lugar de palabrotas. Estas son un par de palabras que dicen usar algunas personas: "¡Ay, la higuera!" (basada en la historia de Mateo 21:18-22, cuando Jesús maldijo la higuera porque no daba fruto), "¡Ay, el pie de la gallina!" y "¡yanka manka!". (Oye, no las descartes; son expresiones mucho mejores que las malas palabras).

Lo importante es enseñarles a tus hijos que lo que está en el corazón determina lo que decimos (Mt. 12:33-37). Por consiguiente, deben estar determinados a evitar que actitudes y palabras deshonrosas hagan raíz en su corazón.

Establece e impone una consecuencia por decir malas

palabras. Lavarles la boca con jabón es una medida antigua, pero muy buena. Ser "esclavo por un día" al hermano receptor de la mala palabra o agravio es otra buena consecuencia. Otros castigos que algunos padres dijeron haber usado incluyen:

- decir la mala palabra cien veces hasta que se harte de decirla (mmm… no estoy muy segura de esta);
- escribir una cantidad de palabras bonitas acordes a la edad;
- no permitirle al ofensor hablar durante el resto del día o de la noche;
- pedirle que escriba y memorice Salmos 39:1: "Atenderé a mis caminos, para no pecar con mi lengua" o Salmos 19:14: "Sean gratos los dichos de mi boca y la meditación de mi corazón delante de ti, oh Jehová, roca mía, y redentor mío".

Ayuda a tus hijos a desarrollar y usar un vocabulario que exprese "sentimientos". En vez de decir malas palabras, pueden aprender a expresar su frustración por medio de expresiones como: "estoy enojado", "estoy furioso", "estoy molesto". Muchos padres recurren a palabrotas, porque simplemente no tienen otras palabras para transmitir la intensidad de sus pensamientos o emociones. Por lo tanto, les traspasan a sus hijos el hábito de decir malas palabras.

Creo que es hora de enseñarles a los niños que decir malas palabras es señal de tener un vocabulario pobre y no una muestra de poder.

Día 23

La predisposición a delatar

"El que anda en chismes descubre el secreto; mas el de espíritu fiel lo guarda todo".

Proverbios 11:13

"José, siendo de edad de diecisiete años, apacentaba las ovejas con sus hermanos... e informaba José a su padre la mala fama de ellos" (Gn. 37:2). Los hermanos de José estaban resentidos con él por delatarlos con su padre, y lo vendieron como esclavo. José estuvo cautivo durante trece años antes que una serie de sucesos providenciales lo colocaran en la posición de primer ministro de Egipto (Gn. 41). Hay varios delatores en la Biblia y, curiosamente, no fueron niños (ver Dn. 6 y Est. 3).

Sin embargo, es natural que los niños pequeños delaten a otros. Lo hacen por dos motivos. Primero, están aprendiendo a reconocer el conflicto y no saben cómo resolverlo, de modo que vienen a ti, que eres su héroe y su red de seguridad. Segundo, están ansiosos por agradarte y sienten que si te muestran que *ellos* saben distinguir lo bueno de lo malo, sumarán puntos. Así es como hacen pompa de su moralidad.

Ninguna de estas razones es maliciosa o malintencionada. Por eso es importante que tú *no* respondas como ellos. Si le dices a tu hijo: "No lleves ni traigas cuentos.

Nadie va a querer jugar contigo si siempre estás delatando a los demás" o: "No les hagas caso y sigue con tu vida", le estás transmitiendo que no te preocupa su sentido de la equidad. Por otro lado, tampoco es bueno que intervengas de inmediato y soluciones su conflicto. No siempre estarás cerca para hacerlo. Recuerda que ellos están aprendiendo a *socializar*: una palabra fina que significa llevarse bien con los demás. Sin embargo, lo importante es que escuches todo lo que te digan y luego les ayudes a aprender a decidir entre "delatar" o "denunciar".

Una municipalidad canadiense publicó una explicación muy simple de la diferencia entre delatar y denunciar:

- *Delatar* es tratar de *meter en* problemas a alguien que no lastimó a nadie ni violó ninguna regla.
- *Denunciar* es tratar de *sacar de* problemas a alguien y buscar ayuda cuando se trata de un comportamiento peligroso.[5]

Para asegurarte de entender la diferencia, haz un pequeño test. Lee los siguientes ejemplos y decide cuál es "delatar" y cuál es "denunciar".

1. La regla de tu casa es no comer dulces entre comidas. Tu hijo ve que tu hija está comiendo una barra de chocolate y corre a contártelo.
2. Les das a tus tres hijos una botella grande de

5. "Telling an Adult About Bullying Isn't Tattling", www.peelregion.ca/health/bullying/pdfs/February-K-LPRF.pdf.

solución para burbujas, tres varitas y tres tazones pequeños donde colocar su líquido individual. Uno de tus hijos viene a ti corriendo con la noticia de que su hermano mayor repartió el líquido y se quedó con la mayor parte "por ser el mayor".

3. Tu hija y sus amigas están en un centro comercial, y una de las muchachas decide robar algo. Tu hija le dice que si lo hace, se lo contará al empleado de la tienda.
4. Tu hijo le dice a su amigo Sam que te contó que él se quiere suicidar. Sam se enoja y no quiere hablar más con él.
5. Tu hijo de doce años les dice a ti y a tu cónyuge que vio a tu hija mayor y su novio besándose.

Bien, veamos cómo te fue. Las respuestas correctas en orden son: delatar, delatar, denunciar, denunciar, delatar.

Es bastante fácil distinguir la diferencia en cada una de estas situaciones, especialmente como adultos. Pero no siempre es fácil para tus hijos distinguir entre *delatar* y *denunciar*. Los padres sabios les enseñan a sus hijos cuándo es importante *denunciar*: informar sobre ciertas situaciones a ellos o a otros adultos en una posición de autoridad. Estos son algunos ejemplos:

- Un niño lleva un cuchillo, un revolver u otra arma a la escuela.
- Una niña le cuenta en confianza que está pensando lastimar a una compañera de clase.

- Un amigo o compañero de clases está siendo víctima de acoso escolar.
- Una amiga se provoca el vómito después del almuerzo todos los días.
- Una amiga o compañera de clases aceptó encontrarse con un extraño que conoció en la Internet.

Otra alternativa importante a delatar es enseñar a tus hijos a hablar directamente con el niño en cuestión y decirle que su comportamiento les está haciendo mal. Por ejemplo: "Por favor, ¿podrías dejar de patear mi silla?". No hay necesidad de implicar a un adulto a menos que ese niño no les haga caso.

Una última alternativa es simplemente no entrometerse. Enseña a tus hijos que si no es asunto de su incumbencia (si no tienen nada que perder personalmente) y no existe el potencial de que alguien corra peligro o sufra un daño, pueden determinar y pensar: *Esto no es asunto mío. ¡Mejor no me entrometo!*

Al enseñarles a tus hijos pequeños la diferencia entre delatar y denunciar, estarás manteniendo las líneas de comunicación abiertas. Al darles alternativas a delatar (otras maneras de resolver un problema y confianza para no entrometerse siempre), edificarás su carácter y su confianza, porque los harás menos susceptibles a la presión de los compañeros. Al darles la seguridad de que estás dispuesto a escucharlos, aconsejarlos y tenderles una mano siempre que lo necesiten, desarrollarás una relación fuerte que será valiosísima en los próximos años.

Día 24

Los rumores y las murmuraciones

"El que anda en chismes descubre el secreto; no te entremetas, pues, con el suelto de lengua".

Proverbios 20:19

En la escuela primaria solíamos hacer un juego que se llamaba "el teléfono descompuesto". Nuestra clase de aproximadamente veinticinco alumnos se sentaba en círculo. Empezaba la maestra y le susurraba una frase al primer alumno, quien después se la susurraba al compañero de al lado, y así sucesivamente hasta que llegaba al último alumno, quien entonces decía en voz alta cuál era la frase. *Nunca* era igual a la frase original.

La maestra podía empezar con una frase que decía: "El general está enviando refuerzos; vamos a avanzar". Sin embargo, cuando llegaba al último niño, podía estar distorsionada y en cambio decir: "Jenaro está sirviendo el almuerzo, vamos a danzar". Siempre nos reíamos a carcajadas de cómo había cambiado la versión final.

Los rumores son así. Sin embargo, no causan risa. Cuando una información pasa de una persona a la otra, está destinada a distorsionarse. Todo padre bueno les enseñará a sus hijos a no *iniciar* o *participar* de ninguna cadena de rumores o murmuración. Solo como aclaración, voy a explicar la diferencia entre un rumor y una murmuración. Un rumor es una información *sin verificar* que se pasa de una persona a la otra; la murmuración es una conversación trivial sobre un asunto a menudo *verificado*, pero siempre de la vida privada de otra persona.

En realidad, los padres marcan la pauta a sus hijos de cómo manejar la información de otras personas. Recientemente, leí la historia de una mujer, cuyo hijo de diez años la escuchó, por casualidad, hablar con una amiga y murmurar sobre la vestimenta inadecuada que había usado la madre de su amigo Juan en una ceremonia escolar. Más tarde, él le preguntó por qué había dicho "cosas tan feas" sobre la madre de Juan cuando él pensaba que eran amigas. Dichosamente, esta madre tuvo la humildad de admitir que su comportamiento estaba errado y que iba a tener más cuidado en el futuro de no hablar a espaldas de nadie. Esta madre solo estaba "estrechando lazos" con su amiga, pero terminó dando un mal ejemplo a su hijo.

Los niños trafican rumores y murmuración por varias razones, entre ellas: para llamar la atención como aquellos que tienen "la información exclusiva", para ser parte de un grupo, para rebajar el estatus o malograr la imagen de alguien que envidian, o para vengarse de alguien que los ha ofendido. Cualesquiera que sean sus motivos, lo más importante es que les enseñes a tus hijos que divulgar rumores y murmuración no agrada a Dios y hace daño.

La murmuración empieza a filtrarse en las conversaciones de las niñas cuando cumplen doce años; los varones también podrían murmurar, pero habitualmente no lo hacen para obtener estatus.

Estas son algunas estrategias que puedes emplear como padre o madre para contrarrestar la murmuración.

No participes en ninguna cadena de murmuración, ni como el que recibe ni como el que da una información escandalosa. Por lo tanto, cuando alguien (incluso tu mejor amigo) empiece a murmurar sobre una persona, simplemente cambia de tema o reúne el coraje de decir: "Mejor no hablemos de eso". A la mayoría de los chismosos no les gusta la reprensión, pero debes estar firme en tu determinación de que las palabras que salen de tu boca sean aceptables para Dios.

Permite que tus hijos vean el efecto de la murmuración. La mayoría de los niños no entienden cabalmente cuán nociva y dañina es la murmuración. Busca artículos para que lean sobre niños que se sintieron heridos e incluso casi se suicidan después de haber sido el blanco de una murmuración maliciosa. Mira junto a tus hijas películas como *Chicas pesadas, Jamás besada* y *Si tuviera treinta* para mostrarles cuán peligrosa puede ser la murmuración.

Enséñales a hacerse un breve "autoanálisis" cuando se sientan tentados a pasar una información negativa sobre otro niño y a hacerse estas preguntas:

- ¿Cuál es mi verdadera razón o motivo para querer pasar esta información a otros?
- ¿Va a dañar o manchar la reputación, la imagen o el estatus de la persona?

- Si yo fuera el objeto del rumor o la murmuración, ¿cómo me sentiría si los demás hablaran de esto?
- ¿Cómo respondería si la persona me confrontara y me preguntara por qué estoy pasando esa información?
- Aunque yo no sea la persona que pasa una información a otros, ¿qué otra cosa puedo hacer (como por ejemplo defender a la persona) para detener el efecto negativo que pueda ocasionar?

Si ves que tu hija está murmurando, *pídele que se disculpe con la persona que ha difamado* y que le diga a los demás que estaba equivocada. Revisa la computadora de tus hijos (sí, averigua la clave) para buscar evidencias de murmuración cibernética.

Usa un ejemplo práctico para ayudar a tus hijos a entender el resultado de la murmuración. Tamara Chilver, una madre que escolariza a sus hijos en el hogar y fundadora de *Teaching with TLC*, sugiere la siguiente actividad para ayudar a tus hijos a entender el resultado de la murmuración.

> Dale a tu hijo un tubo de dentífrico y un plato descartable. Pídele que exprima el tubo y vierta dentífrico sobre el plato. Ahora, dile que vuelva a colocar el dentífrico dentro del tubo. Después que trate de cumplir con esta tarea casi imposible, explícale que una vez que las palabras salen de nuestra boca, no nos podemos echar para atrás.

> Lee Lucas 6:45: "El hombre bueno, del buen tesoro de su corazón saca lo bueno; y el hombre malo, del mal tesoro de su corazón saca lo malo; porque de la abundancia del corazón habla la boca".
>
> Explícale que así como el dentífrico salió del tubo a través de la "boca", los pensamientos de nuestro corazón salen a través de nuestra boca. Lo que decimos es un reflejo de lo que está en nuestro corazón.[6]

Recuérdales con frecuencia que *iniciar* o *participar* de una cadena de murmuración o rumores hará que muchos no confíen en ellos como amigos potenciales y otros simplemente los eviten. Enfatízales que hablar de la vida de otra persona no les hará bien. De hecho, podría hacerles mal, porque que les roba la energía que podrían usar para concentrarse en su propósito divino.

Incúlcales el principio de que cada uno cosecha lo que siembra. Aquel que murmura siempre terminará siendo víctima de murmuración. Adviérteles que el que murmura *contigo* seguramente murmurará *sobre* ti.

Al orar diariamente con tus hijos, pídele a Dios que todo lo que hagan y *digan* sea de honra para Él.

---

6. Tamara L. Chilver, "Teaching Your Child about Gossip", www.teachingwithtlc.com/2007/10/teaching-your-child-about-gossip_30.html.

Día 25

Hacer pucheros

Hacer pucheros: mostrar decepción, enojo o resentimiento, generalmente, en silencio.

Victoria, la madre de Gabriela, estaba orgullosa de que sus hijas no se comportaran mal en público. Sin embargo, no era por casualidad. Victoria siempre le decía a Gabriela y a su hermana mayor lo que esperaba de ellas: cuando iban de compras, no toleraría bajo ninguna circunstancia que gritaran, le rogaran con insistencia, lloraran, hicieran pucheros ni corrieran de un lado al otro del comercio. Victoria sabía que los niños necesitan conocer cuáles son los límites y cuáles serán las consecuencias si los traspasan. Sin embargo, como ya debes saber, incluso los mejores planes pueden malograrse.

Un día, Gabriela volvió de la escuela y dijo que quería cierto par de botas. Hablaba todo el tiempo de esas botas y le rogaba con insistencia a su mamá que la llevara al centro comercial para comprárselas. Al final, Victoria aceptó ir a la tarde siguiente. "Pero —le dijo—, no te hago ninguna promesa de comprarlas". Cuando Victoria vio que el precio de las botas eran ochenta dólares, le dijo a Gabriela que eran demasiado caras para su presupuesto. Además, Victoria pensaba que las botas no eran prácticas para la escuela, aunque otras madres pensaran lo contrario.

Esta no era la primera vez que Victoria le decía a Gabriela que no. Pero fue la primera vez que Gabriela reaccionó con llanto y pucheros, negándose a hablar con su madre mientras se iban del centro comercial y volvían a su casa. Cuando finalmente habló, su actitud fue grosera e irrespetuosa.

Victoria la dejó tranquila. Al día siguiente, le dijo que podía ahorrar y comprarse las botas si eran tan importantes para ella. Unos años antes, Gabriela había ahorrado para comprarse una muñeca. Había pagado la mitad y sus padres habían puesto el resto. Gabriela pensó: *Tal vez ese arreglo de pagar mitad y mitad funcione esta vez también.*

Sin embargo, cuando le propuso la idea a su madre, esta le dijo inmediatamente que no y le explicó con calma: "No voy a aceptar esa opción, porque hiciste pucheros y te comportaste mal cuando no te saliste con la tuya. Si hubieras actuado diferente, podríamos haber llegado a un acuerdo de pagar mitad y mitad".

Hacer pucheros le costó a Gabriela algo que quería mucho. Bien hecho, Victoria.

Los niños comienzan a hacer pucheros ya de muy pequeños. Puesto que no tengo hijos, me parecía extraño que niños pequeños pensaran que podían castigar a sus padres o darles una lección si les dejaban de hablar. ¿Cómo podría ser un castigo un poco de paz y tranquilidad? Al observar, investigar e interactuar con los niños, he aprendido que, efectivamente, es una forma de castigo, porque la mayoría de los padres no quieren experimentar el malestar y la enajenación de un niño que hace pucheros.

Los niños lo saben instintivamente. Ellos quieren lo que quieren, y manipularán para conseguirlo. Sin embargo, si cuando hacen pucheros les prestas atención, no van a aprender una de las lecciones más importantes que les espera en la vida: que no siempre pueden tener lo que quieren. Además, no todo el mundo va a dejarse manipular por su chantaje emocional. Algunas personas inseguras podrían dejarse manipular por temor a perder la relación, pero la mayoría no lo hará.

Así que deja que hagan pucheros. Darles tiempo a los niños para que reflexionen no es malo. Si tratas de hacerlos hablar antes que estén listos, solo estás buscando otra guerra.

Una advertencia. No puedes permitir que tus hijos te desafíen con su silencio cuando les estás haciendo una pregunta directa. Si tu pequeña criatura se niega a responderte, simplemente ponla en penitencia y quítale todos los juguetes y privilegios hasta que responda.

Una vez que tus hijos han pasado los primeros años de la edad preescolar, será necesario que vuelvas a llamarles la atención cuando no quieren hablar. Estas son algunas recomendaciones para abordar este problema en niños más grandes.

Debes saber que cuando los niños (y adultos) hacen pucheros, están contando con tu incapacidad de manejar la culpa y el malestar de verlos tristes. Deja que tengan ese momento.

Ellos necesitan entender que tú les estás dando ese

tiempo en vez de creer que te están presionando o que tienen la sartén por el mango. "Te daré un tiempo para que pienses en lo que ha sucedido, pero vamos a hablar de eso después". También debes comunicarles que su silencio no va a resolver el problema ni lo hará desaparecer. Deben aprender a usar palabras para expresar sus deseos.

No respondas a su silencio con silencio. Vengarte con tu propio silencio es un procedimiento infantil e inmaduro. Actúa como un padre, no como un compañero.

Dales una razón para que tus hijos quieran hablar contigo. Si haces el trabajo constante de mantener las líneas de comunicación abiertas y les demuestras que eres confiable y que los escuchas, abrirás la puerta para que tus hijos vengan a ti. También puedes decirles algunas sabias palabras, que les muestre que abrirse y hablar les permitirá a ambos encontrar la mejor solución al problema.

Sé accesible. Esto va de la mano con darles una razón a tus hijos para que quieran hablar contigo, pero es un poco más profundo que eso. Si les das a tus hijos la seguridad de que no vas a reaccionar mal, ni salirte de las casillas, ni ponerte furioso ni los vas a acusar, eso los hará sentir seguros… tranquillos… dispuestos.

Te corresponde a ti como padre o madre enseñarles el valor del silencio así como del diálogo y cómo usar cada uno en el momento oportuno. No es bueno que tus hijos crezcan y se conviertan en personas egoístas y manipuladoras, interesadas solamente en su propio bienestar y sus propios deseos. Esto contribuye a la infelicidad en las relaciones matrimoniales y laborales, y en otras interacciones sociales.

Día 26

La queja

"Hagan todo sin quejarse y sin discutir".

Filipenses 2:14 (ntv)

¡Los niños se quejan, porque esas pícaras criaturas saben que les suele dar resultado! Ahora bien, si tú eres del tipo de padre o madre que se agota fácilmente y, por lo general, cede ante este hábito molesto, exasperante e insoportable, estás perpetuando el problema. Sin embargo, la queja es más que una molestia; a menudo es una indicación de que algo está mal. Serás sabio si observas las circunstancias para ver si la queja es una expresión externa de una o más de las siguientes condiciones.

Agotamiento. ¿Han tenido tus hijos suficiente tiempo para dormir o han estado trasnochando más de lo acostumbrado? Si es así, procura que tengan suficientes horas de sueño.

Enfermedad. Cuando un niño no se siente bien, no siempre es capaz de comunicarlo. Podría estar incubando un resfriado, gripe, otitis, varicela o alguna otra enfermedad infantil. Pregúntale cómo se siente.

Hambre. Quizás tus hijos tengan hambre. Además, el nivel de su azúcar en la sangre podría dispararse y caer como resultado de una dieta con demasiados alimentos procesados y azúcares. Está garantizado que este tipo de dietas hace que los niños estén irritables y quejumbrosos. Alimenta a tus hijos con comida saludable y meriendas a intervalos regulares, especialmente antes de ir a comprar comestibles para evitar que se comporten mal en el supermercado.

Frustración. Cuando los niños empiezan a aprender conceptos más difíciles en la escuela, tales como gramática o matemáticas, pueden llegar a frustrarse. Este sentimiento de mal humor es algo que no pueden explicar, más que decir que les resulta demasiado difícil. Hazles preguntas perspicaces como por ejemplo: "Tesoro, ¿estás enojado con la escuela o con tu maestra?".

Celos. A veces, el temor a que un nuevo hermano los desplace hace que los niños vuelvan a actuar como bebés y estén más necesitados de lo que realmente están. Trata de hacerte tiempo para estar a solas con tu hijo o tu hija, aunque solo sean quince minutos, para que él o ella sepa que sigue siendo especial para ti.

Ansiedad. Si saben o sospechan que se avecina una separación o divorcio, un nuevo matrimonio o una mudanza a una nueva casa, el terror que sienten puede desencadenar la queja en ellos.

Preocupación por divertirse. Muchas veces los niños se quejan, porque se están divirtiendo y no quieren dejar de jugar cuando tú necesitas seguir con otra rutina diaria. Enséñales la manera de pedirte más tiempo. "Juanito, si tú quieres jugar un tiempo más en el parque, tienes que pedírmelo en voz baja de esta manera: 'Mami, ¿puedo jugar en el tobogán unos minutos más?'. Si el tiempo lo permite, lo consideraré, pero solo si me lo pides sin quejarte".

Cuando les preguntaron qué hacer con un niño quejumbroso, algunas madres y algunos padres ofrecieron las siguientes estrategias que resultaron ser eficaces:

- "Cuando mis hijos pequeños se quejan, simplemente sonrío y les digo que yo no hablo ese lenguaje; que solo hablo 'español'. Puede que lo tenga que repetir una o dos veces, pero funciona".
- "Yo los ignoro. Al principio, empiezan a levantar la voz y a quejarse más, pero cuando les explico que no los voy a escuchar ni voy a hablar con ellos si me hablan de esa manera, dejan de quejarse al instante. Ahora sé que si se quejan, seguramente está pasando otra cosa".
- "Cuando mis hijos más grandes se quejan, les contesto en jerigonza. Ellos no entienden nada y no les voy a revelar el secreto. Pero calma los ánimos y se dejan de quejar".
- "Cuando nuestros hijos se quejan, les decimos que hablen de verdad".
- "Nosotros usamos un gráfico con etiquetas adhesivas para monitorear cuán bien están haciendo sus tareas y cumpliendo nuestras expectativas en cuanto a su comportamiento y su carácter. La queja es una de las cosas por las que obtienen una etiqueta adhesiva de una carita triste. Si obtienen tres etiquetas de caritas tristes por una sola acción en la semana, pierden sus privilegios. Por otro lado,

si no obtienen ninguna etiqueta de caritas tristes, los felicitamos por no haber sido quejumbrosos y ganan privilegios adicionales".

Observa que en cada una de las estrategias anteriores, los padres se concentraron en cambiar la conducta de sus hijos por medio de métodos positivos. Sin embargo, he escuchado varios métodos *ineficaces* que los padres han usado para tratar con la queja. Solo los voy a incluir aquí para que sepas *lo que no debes hacer*:

- Quejarte también de ellos. Tú estás tratando de enseñarles a dejar de quejarse; no les envíes un doble mensaje. Actúa como un padre y no como un compañero que se está desquitando.
- Lavarles la boca con jabón. Aunque este podría ser un castigo eficaz para las malas palabras, parece ser inapropiado para la queja.
- Darles azotes. Puede ser eficaz y admisible en ciertas ocasiones, pero lo que quieres es acabar con el escándalo y las quejas; no prolongarlos.
- Darles una bofetada en la boca. Esto está al límite del maltrato físico; evítalo.

Estos métodos se centran más en la mala conducta que los padres quieren detener en vez de mostrarles la manera correcta de actuar. En su lugar, respira hondo y piensa que tus hijos están tratando de decirte algo.

Lo más importante es saber que las quejas son inevitables, pero tú tienes un papel fundamental en minimizar esa conducta y en enseñar a tus hijos a comunicarse de una manera más directa y eficaz.

Día 27

La jactancia

"¿Qué tienen que Dios no les haya dado? Y si todo lo que tienen proviene de Dios, ¿por qué se jactan como si no fuera un regalo?".

1 Corintios 4:7 (ntv)

A nadie, incluso a Dios, le gustan los jactanciosos. La jactancia está enraizada en el orgullo; esa tendencia a atribuirse el mérito personal por los dones, talentos y cosas que solo Dios nos ha dado como un Padre de amor. Según Proverbios 6:16-19, el orgullo encabeza la lista de siete cosas que Dios detesta. Este solo hecho debería ser suficiente motivo para que los padres eviten que sus hijos sean jactanciosos.

Lamentablemente, muchos padres de hoy tienen la manía de elogiar a sus hijos por todo y tratan desesperadamente de fomentar en ellos una fuerte autoestima y seguridad en sí mismos. Sin querer, están formando a pequeños ególatras y egocéntricos, sin ninguna sensibilidad por lo que siente el prójimo.

Un día cuidaba a dos niñas de ocho años de mi iglesia, las cuales aprecio mucho. Le di a cada una un trabajo manual. Abril, conocida por ser una alumna sobresaliente, terminó el suyo en tiempo récord y estaba lista para la siguiente actividad. Esperó impacientemente, se alejó de la mesa por algunos minutos y regresó. Cuando no pudo aguantar más la espera, exclamó a la otra niña: "¿Todavía sigues dando vueltas con eso? Yo terminé el mío hace bastante".

Llevé a Abril a un lado y le expliqué que su rapidez mental era un don especial de Dios. Le dije que no debería esperar que todos tengan su mismo desempeño, porque lo de *ella* era un don. "Hay personas que tienen un don especial que tú no tienes —le dije—. Si les haces burla o les dices cosas hirientes a los demás porque no tienen *tu* don, un día alguien te hará sentir mal porque tú no tienes *su* don".

Creo que entendió el concepto. Ahora tiene diecisiete años, y jamás he tenido que volver a corregirla en esa área.

La jactancia es una conducta molesta y enajenante. Los niños *y* adultos tienden a evitar a las personas que siempre están hablando de lo que hacen bien o de lo que poseen. Por ello es importante que, en cada etapa del desarrollo de tus hijos, emplees estrategias específicas que los mantengan en el sendero de la humildad.

Sin embargo, no es necesario preocuparse por los niños más pequeños. Según, la Dra. Vicki Panaccione, psicóloga infantil y fundadora de *Better Parenting Institute*, los niños pequeños todavía están desarrollando su sentido de la identidad. Y dado que están trabajando duro para dominar habilidades como hablar con oraciones completas y diálogos, tus palabras de elogio y aliento son cruciales. "Los niños de esta edad necesitan sentirse seguros, para que cuando se encuentren con otros que son mejores en ciertas cosas, se sigan sintiendo bien con sí mismos".[7] Ella cree que aumentar la autoestima de un niño pequeño puede hacer que sea menos jactancioso más adelante.

Sin embargo, cuando tus hijos son un poco más grandes, tu campaña "anti-jactancia" debe realizarse de forma estratégica. Para enseñar a tus hijos en edad preescolar que la jactancia no es una conducta adecuada, debes tener cuidado con tu manera de elogiarlos. Tus cumplidos deben centrarse en *quiénes son* más que en *lo que hacen*. Los niños que están en esta etapa tienen un fuerte deseo de agradarte, de modo que centra tus cumplidos en las cualidades admirables de su carácter, tales como compartir sus juguetes y ser buenos con otros niños. Cuando los elogies, ten cuidado de evitar frases como:

- "Eres el mejor".
- "Nadie es más bonita que tú".
- "Eres el niño más guapo de toda la clase".
- "Nadie puede hacer esto como tú".

Estas expresiones exageradas implican que todos los demás son inferiores o secundarios. Ahora bien, cuando el pequeño Juan o la pequeña Sally expresan lo mismo acerca de sí mismos, los padres asombrados se espantan de semejante orgullo. Como vimos en la lectura del Día 13, "Hacer y aceptar elogios", cuando los elogias de

---

7. Citado en Marisa Cohen, "Brag-Proof Your Child," *Parents*, noviembre, 2007, www.parents.com/toddlers-preschoolers/development/ social /brag-proof-your-child/.

esta manera, tus hijos se vuelven adictos al desempeño. Hallan su identidad en lo que otros piensan de ellos y hacen todo lo que crean necesario para obtener el elogio y la atención, incluso jactarse y promoverse a sí mismos. Aunque está bien que hables de sus logros con familiares y amigos cercanos, jactarte constantemente de tus hijos —especialmente en presencia de ellos— puede causarles graves problemas relacionales en el futuro.

Los niños en edad escolar, que han sido criados en un entorno "jactancioso", normalmente notan cosas como quiénes son los niños inteligentes, quiénes son los niños atléticos, a cuál de todas las niñas se quieren parecer, etc. Hacen sus propias comparaciones. Este es el momento en la vida de los niños cuando necesitan aprender la caridad y la compasión. Además, necesitan aprender a ser humildes a pesar de su capacidad y a gozarse por los logros de los demás.

Como padre, debes seleccionar premeditadamente las actividades extracurriculares de tus hijos. No toda actividad debería ser una en la que haya un ganador y un perdedor. Aun en sus deportes competitivos, adviérteles que ganar no es el fin de todo; en la vida se gana y se pierde. Por sobre todo, enséñales a ser buenos perdedores y a felicitar al ganador. Me horroriza la agresividad que he visto entre los padres de equipos contrarios al asistir a los partidos de fútbol de mi sobrino de siete años. ¿Dónde está el ejemplo de un buen perdedor?

En lo que respecta a los preadolescentes y adolescentes, todos sabemos cuán frágil puede ser su seguridad en sí mismos y su autoestima. Ellos, al igual que los adultos, a menudo recurren a la jactancia para disimular sus inseguridades. Tratan de parecer y sentirse mejor al escalar a un pedestal con la esperanza de convencer a los demás de que ese es el lugar que les pertenece, mientras todo el tiempo se sienten impostores.

Si ves que tus hijos ya están desarrollando un espíritu jactancioso, estos son algunos pasos prácticos que te ayudarán a cortar ese espíritu antes que avance:

- Pierde amigablemente en deportes de adultos, juegos de mesa u otras actividades competitivas. Y, por favor, no actúes como si se terminara el mundo cuando el equipo de tus hijos pierde una competencia.
- Adopta el hábito de felicitar a otros (en presencia de tus hijos) por sus destrezas y buenas obras.
- Haz participar a tus hijos de obras de caridad y acciones de benevolencia ocasionales. Muestra compasión por otros (personas sin hogar, familias necesitadas de la iglesia, etc.) y pídeles a tus hijos que donen un artículo preciado para ellos a un niño con carencias.
- Recuérdales a tus hijos cada día, que tu amor y el amor de su Padre celestial por ellos es *incondicional*, sea cual sea su desempeño.
- Enséñales que se ganarán más la simpatía de la gente por sus debilidades o defectos que por sus fortalezas. Sus fortalezas serán evidentes, de modo

que no hay necesidad de mostrarlas y llamar la atención de los demás.

- Haz que tus hijos escriban y memoricen este pasaje: "No te jactes de ti mismo; que sean otros los que te alaben" (Pr. 27:2, NVI).

Día 28

La burla

"Los labios del justo saben hablar lo que agrada; mas la boca de los impíos habla perversidades".

Proverbios 10:32

Un equipo de fútbol americano compuesto por alumnos de quinto grado de la ciudad de Bridgewater, Massachusetts, paró en seco la burla de manera conmovedora y memorable. Cuando se enteraron de que le estaban haciendo burla a Danny Keefe —un preciado alumno de primer grado y el aguatero del equipo—, por su defecto del habla y porque siempre usaba chaqueta y corbata (por decisión de él), se levantaron en contra de eso. El equipo organizó una ceremonia de reconocimiento para Danny, festejo al cual asistieron más de cuarenta alumnos vestidos igual que Danny. La biblioteca de la escuela intermedia Williams se llenó de ovaciones al son de: "¡Danny, Danny!". El canal de televisión local, afiliado con la cadena ABC, transmitió el acontecimiento. "Este es el mejor día de mi vida", dijo Danny radiante de felicidad.[8]

Antes de poder enseñarles a tus hijos los límites y

8. "Suited Band of Brothers Stands Up for Unstoppable 6-Year- Old," 21 de noviembre, 2013, www.wcvb.com/news/local/ boston-south/suited-band -of-brothers-stands-up-for-unstoppable-6 yearold/23085396/#!0XwN4.

los peligros de la burla, debes ayudarles a entender la diferencia entre hacer burla y hacer una broma. La *burla* tiene varias acepciones, pero en la primera que aparece en la mayoría de los diccionarios se define como: *fastidiar* y *molestar*. Después se define como ridiculizar. Cuando se la compara con hacer un *chiste*, que es hablar de manera divertida o graciosa para provocar cierto nivel de deleite al público objetivo, se puede ver una diferencia obvia entre ambas. Debes explicarles estas diferencias a tus hijos.

Una vez que está bien establecido lo que es gracioso, deberías hacer del humor una rutina regular de tu vida familiar. Cuando selecciones los chistes y las historias a contar o las películas para ver, asegúrate de que el objeto del humor sean animales, situaciones o la misma persona interviniente y no a expensas de otra persona. No está mal que te rías con tus hijos cuando les cuentas que una vez la abuela le contestó a su gallo y cacareó mejor que él; pero no está bien contar, irónicamente, sobre la vez que tu hermana se quedó pasmada en el escenario en medio de una obra de teatro escolar y todos se rieron de ella.

Si notas o sospechas que tus hijos le están haciendo burla a alguien, el primer paso para corregirlos es entender su motivación principal. Estas son algunas preguntas que les podrías plantear delicadamente para saber por qué hacen burla, según la edad y el nivel de madurez emocional de cada uno:

- "Cuando le hiciste burla al pequeño Lucas, ¿estabas simplemente tratando de entretener o hacer reír a los demás para pasar un buen rato? ¿Aun a expensas de entristecer a Lucas?".

- "¿Te hace sentir bien ser el centro de atención cuando te burlas de alguien?".
- "¿Te hace sentir poderoso o fuerte burlarte de otros porque sabes que no recibirás ningún castigo?".
- "¿Qué piensas que pasaría si dijeras algo bueno sobre la persona de quien te estás burlando en vez de decir algo malo que la hace quedar mal?".

Deja que tus hijos sepan que hacer burla de los demás está mal, es inadmisible y que tomarás medidas disciplinarias. Amonesta a tus hijos a no denigrar a nadie con apodos ni hacer burla de una persona solo porque es diferente.

En una conferencia reciente, una escritora y oradora contó que cuando perdió su ojo por un cáncer a los cinco años de edad y tuvieron que ponerle un ojo de vidrio, los demás niños la llamaban "Cíclope". No puedo imaginar la humillación que habrá sentido. Dichosamente, lo superó y hoy día es una conferencista muy solicitada en todo el mundo.

La Red de Salud de la Mujer y el Niño ofrece los siguientes datos críticos sobre la burla. Sería bueno recalcar esto a tus hijos:

- Cuando la burla disgusta a alguien, todos los que están alrededor se sienten incómodos.

- Hacer burla no está bien si lastima a alguien.
- Que los demás te tengan miedo no es tan bueno como tener amigos.
- Ser el centro de atención de algo malo no es tan agradable como ser el centro de atención de algo bueno.
- Si te burlas de otros, nadie sacará la cara por ti cuando se burlen de ti.
- Si quieres tener amigos, necesitas aprender a ser amigo.
- Hay leyes contra todo tipo de acoso, y podrías meterte en muchos problemas.[9]

Ahora bien, padres, no dejen de enseñarles a sus hijos la diferencia entre hacer burla y hacer una broma, ni dejen de hacer que el humor sea parte de la dinámica del hogar. Ayuden a sus hijos a desarrollar el sentido del honor y defender a quienes están siendo víctimas de burlas, mofas o ridiculización, así como el equipo de futbol de alumnos de quinto grado defendió a Danny.

Siembren y cultiven en sus hijos el valor y el deseo de dejar de hacer burla siempre que sea posible. Explíquenles que las personas contentas que disfrutan de la diversión no tienen necesidad de reírse a expensas de los demás ni hacerles bromas pesadas a otros. Quienes se comportan de esta manera casi siempre son personas

---

9. "Teasing Others and How to Stop," Kids' Health, www .cyh.com /HealthTopics/HealthTopicDetailsKids .aspx?p=335&id=1625&np=286#1.

inseguras y desdichadas, que están buscando desviar la atención de su propia vida y sus problemas o defectos.

Esta no es la clase de niños que ustedes quieren que sean. Si cultivan una atmósfera de amor y diversión, sus hijos no serán así.

Como padres, pueden hacer que la vida de sus hijos y sus amigos sea más divertida, si les enseñan que siempre estarán rodeados de burla, pero que nunca deberían participar.

Día 29

El acoso verbal

"Haz a los demás todo lo que quieras que te hagan a ti".
MATEO 7:12 (NTV)

En enero de 2013, Hailey Petee, una alumna de once años de una escuela primaria de Ohio, se quitó la vida después que la acosaran verbalmente durante más de un año. Según su madre Melinda, acosaban constantemente a Hailey, por usar anteojos y por sufrir un trastorno de déficit de atención con hiperactividad.[10]

Atrás quedaron los días cuando el acoso escolar era obra de uno o dos varones bravos y alborotadores. El acoso empieza tan temprano como en el preescolar, y tanto niñas como niños son culpables de acosar a los demás. Hoy día, el acoso no es solo físico, sino verbal y emocional. El acoso entre alumnos es uno de los problemas de la disciplina que se denuncian con más frecuencia en las escuelas: 21% de las escuelas primarias, 43% de las escuelas intermedias y 22% de las escuelas

---

10. "Parents Say 11-Year-Old Daughter Was Driven to Suicide Because of Bullying," 27 de enero, 2013, www.10tv.com/content/stories/2013/01/27/london-parents-say-11-year-old-was-driven-to -suicide-because-of-bullying.html.

secundarias informaron tener problemas de acoso en el período escolar de 2005–2006.[11]

Es un problema grave, y la mayor parte de la literatura que hay sobre el tema aborda la manera de responder o defenderse del acoso. Sin embargo, para no desviarme de mi objetivo de controlar la lengua de *tus* hijos, este capítulo se centrará en qué hacer cuando *tus* hijos son los que acosan a otros.

Muchos padres se sorprenden, porque ingenuamente piensan que sus hijos nunca podrían ser autores de un comportamiento tan malvado y antisocial. Es hora de dejar de dar excusas y negarnos a ver la realidad. Si tus hijos muestran indicios de ser acosadores, *no* se trata solo de una etapa. Los niños acosan por una razón y se vuelven progresivamente más violentos y agresivos si la raíz del problema no se descubre ni se ataca. Si tus hijos manifiestan cualquiera de las siguientes conductas, debes tomar medidas:

- se ríen cuando otros se caen, se lastiman o se meten en problemas;
- parece causarles placer observar situaciones violentas o dañinas;
- no cuidan sus juguetes ni sus otras pertenencias;
- maltratan a los animales domésticos de la familia;

11. Phil Nast, "Teaching Students to Prevent Bullying," National Education Association, www.nea.org/tools/lessons/teaching-students-to-prevent-bullying.html.

- se deleitan en aplastar insectos y gusanos;
- golpean o hacen tropezar a sus hermanos o amigos y se ríen de eso;
- son constantes peleadores;
- lanzan, rompen o desgarran cosas por enojo;
- tienen pocos amigos;
- se salen con la suya con la amenaza de " si no haces esto, te voy a...".

Los niños que actúan de esta manera están pidiendo a gritos que los ayuden. Están enojados, asustados, frustrados y, a menudo, se maltratan a sí mismos. Por lo general, sus acciones son una *reacción*.

Si tus hijos manifiestan una de estas conductas, no te limites a llamarles la atención. Haz algunas averiguaciones para saber *por qué* están actuando de esa manera. Tal vez un trastorno físico podría ser la causa. Quizás un entrenador, un maestro, un vecino, un supuesto amigo o un miembro de la familia hayan abusado de ellos. Tal vez los estén acosando y tengan miedo de hablar. Sencillamente, podrían estar actuando en protesta por la separación o divorcio de sus padres. Finalmente, podría ser el resultado de que se les permita mirar o escuchar programas de televisión, películas, juegos y música violenta, agresiva y desmoralizadora.

Veamos algunas maneras de prevenir que acosen a otros niños o impedir que lo sigan haciendo.

Sé claro sobre lo que es el acoso. No permitas que tus

hijos justifiquen su conducta acosadora diciendo que "solo estaban bromeando". Explícales que el acoso no es solo una pelea física. Cuando tus hijos amenazan, insultan, se burlan despiadadamente o degradan a otros niños con apodos, eso es *acoso verbal*. Además, son culpables de *acoso emocional* cuando traicionan a otros y excluyen deliberadamente a un niño de un grupo o actividad, o tratan de manipular a alguien para que haga algo contra su voluntad y lo hacen sentir culpable o avergonzado.

El tipo de acoso de más rápido crecimiento es el *acoso cibernético*. Esto implica divulgar rumores o hacer amenazas con el uso de la tecnología, como el correo electrónico, los mensajes de texto, Facebook, mensajes instantáneos y *sexting* (envío de fotografías o mensajes sexualmente explícitos a través de teléfonos celulares). Todo esto sucede fuera del alcance de los maestros y los padres. En consecuencia, deberás tomar medidas e informar a tus hijos que estarás realizando una auditoría sorpresiva de sus actividades en la computadora de vez en cuando para ver si son víctima o autores de acoso cibernético.

Trata de comprender por qué acosan. Hazles preguntas tendenciosas que te ayuden a identificar las razones de su conducta. Por ejemplo, si tu hijo acosa, pregúntale: "¿Te incita a hacerlo alguna inseguridad (ser bajito o muy alto, ser obeso, pertenecer a una familia podre, no poder vestirte bien, querer impresionar o ser aceptado por cierto grupo)?".

Considera también que cualquier situación negativa que tus hijos vivan en tu hogar podría desencadenar su deseo de lastimar a los demás. ¿Podrían tus hijos estar respondiendo a un maltrato verbal o físico de tus propias manos? Sé sincero *contigo mismo* al buscar respuestas sinceras de tus hijos. Si ellos se sienten impotentes de cambiar sus circunstancias, podrían querer arruinarles la dicha a otros.

Yo misma sufrí el acoso de una niña, cuya madre había fallecido durante ese año escolar en quinto grado, porque mi familia parecía feliz y funcional por fuera (¡pero no era así!). Si tus hijos no colaboran con sus respuestas, busca ayuda externa.

Pídeles a tus hijos que traten de comprender a sus víctimas. ¿Hay alguna descripción común o un perfil de la clase de niños a los que acosan? ¿Cómo eligen el blanco de su acoso? Pídeles que te expliquen en detalle cómo se sentirían si fueran la víctima en vez del autor. No aceptes un "no sé" cómo respuesta.

Pídeles que se disculpen y compensen a la víctima (cuando sea posible) por su error. No les exijas que pidan "perdón" si no lo sienten o no tienen ningún remordimiento. (Para saber más sobre cómo deben disculparse, ver la lectura del Día 6, "Pedir perdón no es solo decir 'lo siento'"). No obstante, puedes pedirles que enmienden su error con un acto de bondad. Desde luego, la víctima podría no querer nada que provenga de ellos, pero habrán hecho lo correcto.

Al margen de mostrar toda la sensibilidad que puedas mientras pones en práctica estas sugerencias, *procura que tus hijos sepan, categóricamente, que no tolerarás más acoso.* Comunícales exactamente qué privilegios pueden llegar a perder (u otras consecuencias severas) si te enteras de que han vuelto a acosar a alguien.

Acosar a otros tiene efectos negativos prolongados en la persona acosada y en el acosador. Según el Instituto Nacional de la Salud Infantil, ambos corren un gran riesgo de experimentar soledad, de no tener éxito en la escuela y de enredarse en drogas, alcohol y tabaco. Además, el 40% de los varones identificados como acosadores, de sexto a noveno grado, tendrán tres arrestos o más cuando lleguen a los treinta años. Los acosadores corren mayor riesgo de cometer suicidio que sus víctimas.[12]

Aunque me he centrado en el niño acosador, no puedo dejar de dar una palabra de advertencia a los padres de los niños acosados. Por favor, haz lo posible por enseñarles a tus hijos a ser asertivos y seguros de sí mismos. La mayoría de los niños sufren acoso no porque sean diferentes, sino porque parecen débiles e indefensos, y no representan una amenaza para el acosador. *Kidpower* (www.kidpower.org/espanol/que-es-kidpower/), una organización que se dedica a los problemas de seguridad de los niños, ofrece consejos excelentes y ejercicios prácticos para enseñar a tus hijos a rechazar el acoso y no parecer tan indefensos.[13]

Los acosadores no tienen consideración del hecho de que la "desdichada criatura" que ellos lastiman es un hijo o una hija de Dios, a quien Él ama. Sé que muchos

---

12. "Scared in School: Bullying Statistics", 19 de mayo, 2013, www.heraldextra.com/news/local/education/precollegiate/scared-in-school-bullying-statistics/article_74844177-1669-5ef5-9609-2c7234e 92987.html.

13. Irene van der Zande, "Face Bullying with Confidence: 8 Kidpower Skills We Can Use Right Away", www.kidpower.org/library/article/prevent-bullying/.

padres se encuentran en el dilema entre enseñar a sus hijos a contraatacar a quienes los acosan o a poner la otra mejilla. Aunque Dios se vengará del mal cometido contra sus hijos, creo que es sabio enseñar a los niños a defenderse y evitar que los lastimen.

Una historia bíblica que apoya este pensamiento es la que ocurrió cuando Amán, un acosador políticamente poderoso, convenció al rey de Persia que emitiera el decreto de aniquilar a todo el pueblo judío, porque estaba resentido con un judío que no se inclinaba delante de él (Ester 3). Cuando el rey supo que su propia esposa, la reina Ester, era judía, se enfrentó a un dilema. La ley le prohibía estrictamente abolir el decreto. De modo que, a petición de la reina Ester, el rey autorizó a los judíos a protegerse de aquellos que intentaran hacerles daño:

> *... el mismo día en que los enemigos de los judíos esperaban enseñorearse de ellos, sucedió lo contrario; porque los judíos se enseñorearon de los que los aborrecían. Los judíos se reunieron en sus ciudades, en todas las provincias del rey Asuero, para descargar su mano sobre los que habían procurado su mal... (Est. 9:1–2).*

Los judíos respondieron en defensa propia. No hace falta decir más.

Día 30

Las preguntas inapropiadas

"Pon guarda a mi boca, oh Jehová;
guarda la puerta de mis labios".
SALMOS 141:3

Hace algunos años, nuestro ahijado Kevin, que en ese entonces tenía ocho años, asistió conmigo a una boda. Mientras estábamos esperando que comenzara la ceremonia, me puse a conversar con una pareja de unos cincuenta años. Después de algunos minutos, Kevin, que era (y lo sigue siendo a sus treinta años) muy simpático y curioso, se unió a la conversación.

—¿Él es su esposo? —le preguntó a la mujer.

—Eh… no —dijo ella—. Es mi novio.

—¿Y cuánto hace que están juntos? —preguntó Kevin, sorprendido de que una pareja tan adentrada en años no se hubiera casado ya.

—Veintiocho años —respondió ella con un obvio tinte de vergüenza.

Le golpeé la pierna como diciendo: "¡Deja de hacer preguntas!", pero no entendió el mensaje.

—¿Y cuándo se van a casar? —siguió preguntando.

Sin desviar la mirada del frente, la mujer inclinó su cabeza hacia su novio y le dijo: "¡Pregúntaselo a él!".

Los niños son capaces de hacer las preguntas más

inoportunas y embarazosas. ¿Quién no ha escuchado a un niño hacer preguntas como las siguientes?

- "¿Por qué estás tan gordo?".
- "¿Por qué no tienes cabello?".
- "¿Por qué le faltan las dos piernas a ese hombre?".

Gracias a Dios, la mayoría de las personas no los toma a mal, porque entiende que todavía no han adquirido las habilidades sociales necesarias para discernir lo que no deben preguntar. Lamentablemente, cuando los niños crecen, las preguntas no siempre cesan. En cambio, son más personales:

- "¿Dónde está tu papá?".
- "¿Cuánto te costó eso?".
- "¿Por qué tu mamá no te deja practicar deportes?".
- "¿Por qué siempre usas el mismo par de zapatos?".

Los niños son preguntones por naturaleza. Quieren saber cómo, cuándo, dónde y —desde luego— por qué. Eso es bueno. Además te sorprendería saber cuántas personas están dispuestas a conversar con un niño para satisfacer su curiosidad. ¡Qué buena oportunidad para aprender a relacionarse con las personas! Por lo tanto, la curiosidad de un niño es algo que un padre no debería tratar de apagar. Sin embargo, es algo que se debe cultivar y pulir a cada etapa de su desarrollo.

Cuando un niño pequeño hace una pregunta inocente, pero incómoda, es mejor guardar la calma y seguirle la corriente. Como cuando Catalina, de cuatro años, le preguntó a una señora de la iglesia si había metido la cabeza en el fregadero para teñirse el pelo como hacía su mamá. En casos así, una fuerte reprimenda no es la respuesta más acertada.

Si la pregunta no es demasiado grosera ("¿Por qué eres tan feo?"), solo ponte a la altura de tu hijo para mirarle a los ojos y respóndele de manera sencilla ("Es gordo porque las personas vienen en todo tipo de formas y tamaños"), con la verdad ("La señora se quedó pelada, porque está enferma") o dile algo como: "Hablaremos de eso más tarde" o "No fue bueno preguntar eso". Y déjalo así. Si tu hijo persiste, sácalo de esa situación, ordénale que deje de hacer esas preguntas y luego habla del asunto cuando ustedes estén a solas.

Los niños más grandes —incluso aquellos que normalmente son educados—, seguramente harán preguntas embarazosas de vez en cuando. Cuando lo hagan, será muy conveniente que les respondas de varias maneras, como por ejemplo: "Eso no es algo que se le pregunta a la gente". "Si quisieran que tú lo supieras, te lo hubieran dicho". "Qué desagradable. ¿Dónde están tus buenos modales?".

Aunque no hay una manera infalible de impedir que a veces se les escapen algunas preguntas embarazosas o groseras, puedes minimizar la frecuencia de esos momentos incómodos al hablar con ellos de lo que se puede y no se puede preguntar. Sin embargo, debes tener presente que los niños son niños; podrían no recordar tu amonestación, de modo que recuérdaselos frecuentemente. Explícales que todas las preguntas personales en cuanto a las finanzas, el peso y las características físicas y los detalles sobre condiciones médicas están fuera de lugar. Hay algunas preguntas que son apropiadas y naturales cuando los niños entablan amistad con otros niños. Sin embargo, las mismas preguntas están fuera de lugar con los adultos. Por ejemplo, los niños no deberían preguntar a los adultos su edad (excepto a la abuela y al abuelo).

Cuando sea posible, prepara a tus hijos con anticipación para prevenir situaciones potencialmente incómodas. Digamos que tú y tus hijos visitarán un hogar de ancianos. Antes de la visita, explícales que algunas personas que viven allí podrían confundirlos con miembros de su propia familia, tal vez quieran abrazarlos, quizás no huelan muy bien o, por momentos, podrían hablar, gritar o llorar. Explícales que su comportamiento es consecuencia de estar enfermos y no poder curarse. Otras situaciones que requieren preparar a tus hijos con anticipación incluyen una visita a un refugio de desamparados, el ingreso de un niño con discapacidades a su clase, una reunión con familiares que hace mucho no ven (o nunca), un viaje de visita a una cultura diferente y pasar tiempo con grupos étnicos diferentes.

Explícales a tus hijos en edad escolar que una pregunta inapropiada es aquella que se hace por simple curiosidad o para poner a alguien en aprietos y no por un interés o curiosidad genuinos. Por ejemplo, las siguientes preguntas podrían resultar no solo inapropiadas sino groseras, según la manera en que se pregunta:

- "Tu familia no come tocino, ¿qué les pasa?".
- "¿Cómo puede ser que no les guste el fútbol?".
- "¿Nunca ves a tu papa?".
- "¿Tienes papá?".

Enseña a tus hijos *cómo* expresar su curiosidad, en vez de humillarlos o castigarlos por hacerte quedar en vergüenza. La curiosidad es señal de una mente activa, de modo que anima a tus hijos a participar de su mundo. Enséñales que sus preguntas potencialmente delicadas deberían ir precedidas por las palabras: "¿Puedo preguntarte…?". Esto le da la opción a la otra persona de decir que no quiere hablar de eso o que prefiere no responder. Sin embargo, podrían responderle abruptamente, que no es asunto de ellos. De cualquier manera, tus hijos habrán preguntado de manera apropiada

Susan Stiffelman, *coach* para padres y autora de *Paternidad consciente*, afirma que "la mayoría de los niños no quiere incomodar adrede a las personas con sus preguntas; solo son sumamente curiosos y no tienen otra manera de ensanchar su conocimiento del mundo. Aunque debemos enseñar a nuestros hijos el arte de discernir entre lo que es y no es apropiado, debemos hacerlo con paciencia y delicadeza".[14]

---

14. Susan Stiffelman, "Ask the Parent Coach: Kids and Embarrassing Questions", *Huffington Post*, 10 de octubre, 2012, www.huffingtonpost.com/susan-stiffelman/ kids-and-manners_b_1948505.html.

Epílogo

¡No lo intentes solo!

Dios es el Padre por excelencia. Como tal, nos muestra un excelente equilibrio de amor, paciencia y disciplina.

> *Porque el Señor al que ama, disciplina, y azota a todo el que recibe por hijo" (He. 12:6).*

No importa en qué circunstancias llegaste al mundo de la paternidad o maternidad, Dios te ha honrado al permitirte ser padre o madre o desempeñar ese rol. Gracias a Dios, Él no te ha dejado sin recursos. Antes bien, te ha dejado un manual repleto de sabiduría —la Biblia— para enseñarte a criar eficazmente a tus hijos. Y no solo eso; te dejó también el Espíritu Santo para darte el poder que necesitas.

¡Qué Padre generoso! Lo único que Él espera de ti es que lo reconozcas en todos tus caminos, de tal manera que pueda guiarte en la crianza de los hijos que Él te ha confiado y que son una bendición. Por lo tanto, cuando estés a punto de perder la paciencia y te sientas tentado a ir de un extremo al otro en tu disciplina (*abandonar* por completo o *abusar* totalmente de cualquier tipo de "vara de la corrección" que hayas elegido), haz un alto y reflexiona sobre el tipo de Padre que es Dios contigo. ¿Cuántas veces te ha mostrado Él su misericordia cuando te merecías un castigo? ¿Cuántas veces te ha dado abundantes recursos que no te merecías y te ha amado a pesar de tus malas decisiones?

Nunca pierdas la esperanza con tus hijos y, por favor, no enfrentes solo la crianza de tus hijos. Acude a tu red de apoyo compuesta por familiares, amigos, maestros y entrenadores. Por sobre todo, busca a tu Padre celestial para que te ayude y te guíe. No permitas que el ajetreo de tus horarios y los afanes de esta vida te impidan correr a tu lugar secreto. Usa tu creatividad para ello, como Susana Wesley. Cuenta la historia que mientras criaba a los diez hijos, que sobrevivieron de los dieciocho que dio a luz, su lugar secreto a menudo era sentarse en la cocina y taparse la cabeza con un delantal. Sus disciplinados hijos sabían que estaba orando y no la molestaban.

¡Cuando hay voluntad, hay un camino!

Además de todas las sugerencias prácticas dadas en los capítulos anteriores, la oración será tu herramienta más eficaz para ayudar a tus hijos a cumplir su propósito divino. Ahora te dejo esta oración y te recomiendo que la presentes a Dios regularmente.

La oración de un padre

Oh, Padre, ayúdame a tratar a mis hijos como tú me tratas a mí. Hazme sensible a sus necesidades y frustraciones. Ayúdame a escuchar con atención, perspicacia y entendimiento todo lo que me dicen. Ayúdame a tratarlos como tus criaturas y, como tales, de mucho valor. Ayúdame a respetar... su turno para hablar sin interrumpir ni contradecirlos... sus ideas... su necesidad de libertad para tomar decisiones y asumir responsabilidades, cuando puedan hacerlo. Dame la sabiduría y el entendimiento de enseñarles a mis hijos lo que tú me has enseñado a mí.

Ayúdame a no olvidar que son niños y no pequeños adultos. Dame fuerzas para ser paciente y colaborador mientras desarrollan habilidades y destrezas mentales, y para permitirles tener errores y accidentes sin reírme de ellos o humillarlos.

Gracias por suplir mis necesidades como padre a cargo de este rebaño divino. Gracias porque, en Cristo Jesús, tú me has dado todo lo que necesito para ser lo que debo ser como un padre cristiano.

Anónimo

Apéndice

Recursos para los padres

- *Enfoque a la Familia* (www.enfoquealafamilia.com): artículos, videos, entrevistas, programas de radio, actividades y muchos recursos bíblicos para padres.
- Kidpower (www.kidpower.org/español): *Kidpower Teenpower Fullpower International™ (Kidpower™)* es una organización sin fines de lucro fundada en 1989 en Santa Cruz, California. Su visión es trabajar para crear culturas de cariño, respeto y seguridad para todos. Su principal objetivo es enseñar a la gente de todas edades y habilidades, especialmente niños necesitados, a usar su poder para mantenerse a salvo, actuar sabiamente y creer en sí mismos.
- *12 errores graves que los padres pueden evitar,* de Tim Elmore (Editorial Portavoz).
- *¡Los hijos no tienen que ser perfectos!,* de Jill Savage y Kathy Koch (Editorial Portavoz).
- *Cómo llegar al corazón de sus hijos,* del Dr. Scott Turansky y Joanne Miller (Editorial Portavoz).
- *Ser padres,* de Kendra Smiley (Editorial Portavoz).

La combinación perfecta de anécdotas, preguntas para hacerte reflexionar y principios bíblicos te ayudarán a tener más control sobre estos aspectos de la vida en solo treinta días.

EDITORIAL
PORTAVOZ

NUESTRA VISIÓN

Maximizar el efecto de recursos cristianos de calidad que transforman vidas.

NUESTRA MISIÓN

Desarrollar y distribuir productos de calidad —con integridad y excelencia—, desde una perspectiva bíblica y confiable, que animen a las personas a conocer y servir a Jesucristo.

NUESTROS VALORES

Nuestros valores se encuentran fundamentados en la Biblia, fuente de toda verdad para hoy y para siempre. Nosotros ponemos en práctica estas verdades bíblicas como fundamento para las decisiones, normas y productos de nuestra compañía.

Valoramos la excelencia y la calidad
Valoramos la integridad y la confianza
Valoramos el mérito y la dignidad de los individuos y las relaciones
Valoramos el servicio
Valoramos la administración de los recursos